캔들을 알고 차트를 읽으면
주식 시장이 보인다

ROSOKU ASHI CHART KYUKYOKUNO YOMIKATA TSUKAIKATA
by Toshihiro Ito

캔들을 알고 차트를 읽으면

HOW TO
MAKE MONEY
WITH
CANDLESTICK
CHARTS

주식 시장이 보인다

이토 토시히로(伊藤智洋) 지음
김진수 옮김

두드림미디어

머리말

본래 문제란 푸는 과정이 재미있는 법이지 해답만 나열되어 있으면 읽다가 졸음이 쏟아지기 마련입니다. 문제를 풀기 위한 사고법이나 논리를 이해하지 못하면 도무지 흥미가 생기지 않고 스스로 응용하는 실력을 키울 수도 없습니다.

따라서 이 책에서는 캔들차트를 읽고 활용하는 방법에 대해 단순히 해답을 제시하는 데 그치지 않고, 그 배경에 있는 시장 참여자들의 행동과 생각을 심층적으로 분석해 스스로 해답을 이해할 수 있도록 설명했습니다.

캔들차트의 세계를 처음 접하는 초보자도 이해하기 쉽게 집필했습니다만, 시장에서 거래 경험이 많지 않은 분들에게는 잘 와닿지 않는 부분도 있을지 모릅니다.

한편, 어느 정도 거래 경험이 있는 분들은 아마도 다양한 실패를 겪으며 스스로 점차 많은 의문을 느끼고 있을 것입니다. 그런 분들은 이 책을 읽으면 그 의문을 대부분 해결할 수 있을 것이라고 생각합니다. 추리소설에서 수수께끼의 핵심 부분을 풀어나가듯 흥미진진하게 끝까지 단숨에 읽을 수 있을 것입니다.

이 책을 다 읽고 나면 캔들차트의 움직임이 무엇을 이야기하는지 실감하고 이해할 수 있을 것입니다. 그리고 물론 그러한 것들을 지식으로 배우는 것에 그치지 않고, 실제 자신의 돈을 투자해 구체적인 이익을 얻을 수 있게 될 것입니다.

예를 들어 많은 캔들차트 해설서에서는 추세(일정 방향으로의 흐름)가 반전되는 상황을 단순히 '조정'이라고 설명합니다.

하지만 실제로 투자를 할 경우, 그것이 진짜 반전이라면 포지션을 정리하거나 반대로 포지션을 늘려야만 합니다. 또한, 그 반전이 일시적인 조정이라면 눌림목 매수나 반등 매도로 포지션을 늘릴 절호의 기회가 됩니다. 당연히 잘못 대응해 반대로 행동한다면, 결과적으로 손익은 마치 천국과 지옥처럼 정반대가 되어버릴 것입니다. 따라서 반전이 어떤 의미인지 정확히 파악하는 것은 매우 중요합니다.

보다 실전적인 관점에서 보면, 추세의 시작점이 되는 반전을 찾아내는 것보다 반전해서 추세가 일단 끝난 것처럼 보이지만, 실제로는 지속되는 상황을 찾아내는 것이 '거래하기 쉽다'라는 측면에서 더욱 가치가 있습니다.

이 책에서는 이러한 실전적인 관점을 철저히 반영하며, 예를 들어 '조정'국면을 세 가지로 분류해 각각의 차이를 판단하는 기준과 대응방법을 자세히 설명합니다.

애초에 평론가의 예측과 가격 변동으로 수익을 내려는 투자자가 해야 할 예측은 생각하는 방식에서 큰 차이가 있습니다.

가격 변동으로 수익을 내기 위해서는 단순히 오를 것 같다, 내릴 것 같다는 막연한 예측만으로는 도움이 되지 않습니다. 돈을 벌기 위해서는 '얼마까지 오를 테니 산다(결과적으로 그렇게 되지 않으면 정리한다)'처럼 구체적인 목적(목표)과 연관된 예측이 필요합니다.

또한, 그 예측을 실제 행동으로 옮기려면 스스로 납득하고 확신을 가져야 합니다. 자신의 예측을 믿지 못하면 시장이 조금만 예상과 다르게 움직여도 불안이 앞서 예측한 시점에서 했던 생각을 쉽게 버리고 갈팡질팡하기 때문에 돈을 벌 수 없습니다.

실제 거래를 해보면 통감하겠지만, 시장이란 인간의 본능이나 심리적 약점과 밀접하게 연관되어 있습니다. 그것을 극복하는 것이 승리하기 위해 가장 중요하다 해도 과언이 아닙니다.

그렇다면 우리는 적어도 자신의 예측을 스스로 배신하지는 말아야 합니다. 이를 위해서는 명확한 판단기준을 세우고 설령 자신의 판단이 틀렸더라도 손해를 보지 않는 거래 전략을 세워야 합니다.

이 책은 그 기준부터 거래 전략까지 체계적으로 익힐 수 있도록 구성되어 있습니다. 독자 여러분이 거래에서 승리하는 데 반드시 도움이 될 것입니다.

이토 토시히로(伊藤智洋)

차례

머리말 ⋯ 5

제1장 **캔들차트의 기본**

1-1 차트는 '투자자의 의지를 반영하는 연표'다 ⋯ 13

1-2 시장에서 승리하기 위한 차트패턴은 단 두 가지다 ⋯ 17

1-3 캔들차트의 본질은 예나 지금이나 변함없다 ⋯ 23

1-4 차트의 기본적인 구조와 해석 방법 ⋯ 25

1-5 하나의 캔들을 읽는 일반적인 방법 ⋯ 29

1-6 에도시대 사카타오법에는 지금도 참고할 만한 부분이 많다 ⋯ 31

1-7 시장의 흐름을 중시하는 삼산, 삼천 ⋯ 34

1-8 갭을 시장의 기세로 해석한 삼공 ⋯ 36

1-9 닛케이지수는 선물 주도로 빈번하게 갭을 형성한다 ⋯ 40

1-10 삼병과 삼법의 의미 ⋯ 46

1-11 삼병과 삼법의 해석 ⋯ 49

제2장 '전환패턴' 읽는 법과 활용법

2-1 캔들패턴으로 시장을 예측할 수 있는 이유 ··· 53
2-2 이익을 얻을 수 있는 상황이란 어떤 상황인가? ··· 58
2-3 기존 주식 책에서 일반적으로 다루는 반전패턴 ··· 61
2-4 전환의 궁극적인 움직임은 하나의 캔들에 나타난다 ··· 65
2-5 캔들 한 개의 가격 변동폭을 측정하는 기준은? ··· 69
2-6 변동폭의 크기가 그 방향으로의 강도를 나타내는 것은 아니다 ··· 76

제3장 '지속패턴' 읽는 법과 활용법

3-1 추세가 지속되는 패턴이란? ··· 89
3-2 다른 사람을 두렵게 만드는 움직임이란 어떤 것인가? ··· 91
3-3 이익이 발생하지 않는 것을 허용할 수 있는 기간의 기준은? ··· 94
3-4 추세가 지속될 경우 고려해야 할 우선순위 ··· 99
3-5 추세가 지속되는 조종에는 '소폭조정'과 '일반조정' 두 가지가 있다 ··· 101
3-6 강한 매수세에서 나타나는 '소폭조정'의 기본형 ··· 104
3-7 '소폭조정'의 변형패턴 1 ··· 113
3-8 '소폭조정'의 변형패턴 2 ··· 118
3-9 상승 여력이 있는 '일반조정'의 기본형 ··· 121
3-10 '일반조정'(박스형과 삼각형)의 특징 ··· 128
3-11 '일반조정'에서 첫 번째 눌림목이 형성되는 가격위치(상승 초기단계) ··· 132
3-12 '일반조정'에서 첫 번째 눌림목이 형성되는 가격위치(상승 중기단계) ··· 136
3-13 추세는 기본적으로 5개의 파동패턴을 만든다 ··· 139

제4장   캔들차트 읽기의 정확도를 높이는 방법

4-1   캔들패턴을 분석할 때의 대전제 ··· 145

4-2   시장이 움직이는 시기에 거래하는 것이 중요한 이유 ··· 149

4-3   시장이 움직이는 것은 '1년 중 30%' ··· 152

4-4   참여자에게 '공통규칙'이 있는 것이 중요하다 ··· 157

4-5   '인기구간'에서 가격변동폭 목표치 ··· 161

4-6   '인기구간'이 될 만한 시기는 언제일까? ··· 165

4-7   그 해가 '강세'인지 '약세'인지 어떻게 판단할까? ··· 168

4-8   1년의 흐름 속에서 캔들패턴을 판단한다 ··· 178

4-9   시기와 가격위치를 고려한 캔들차트 분석 사례 1 ··· 181

4-10 시기와 가격위치를 고려한 캔들차트 분석 사례 2 ··· 186

제5장   손실을 최소화하는 구체적인 투자 방법

5-1   전환점을 확인하고 매수할 것인가?
전환점이 될 것을 전제로 매수할 것인가? ··· 193

5-2   하루 동안의 캔들 움직임 ··· 196

5-3   10시까지의 움직임으로 하루의 움직임을 예상할 수 있다 ··· 199

5-4   그날 구체적으로 어떻게 전략을 세울 것인가? ··· 204

5-5 | 사례검증 | 2016년 1~2월의 눌림목 매수 위치와 방법 ··· 206

맺음말 ··· 216

제1장

—

캔들차트의
기본

차트는 '투자자의 의지를 반영하는 연표'다

　　주식이 유가증권이라는 측면에서 봤을 때, 주가가 기업 실적의 등락에 따라 움직이는 것은 어쩌면 당연합니다. 하지만 한편으로 주가는 시장 참여자들의 매매 결과에 따라 결정되는 시장적인 측면도 있습니다.

　시장은 인간의 공포와 욕망이 소용돌이치는 곳입니다. 가격이 오르면 사고, 가격이 내리면 팔고, 또는 추가보증금을 감당하지 못해 포지션을 포기하는 등, 가격 변동 자체가 참여자들의 심리와 행동에 큰 영향을 미쳐서 가격 변동이 더욱 증폭되는 현상이 발생합니다.

　이는 예로부터 시장에 흔히 나타나는 보편적인 원리이며, 이 '가격 변동 자체가 가격 변동에 영향을 미치는' 현상을 가장 잘 이해할 수 있는 도구가 바로 차트입니다.

예전에 필자는 《차트의 구급상자(チャートの救急箱)》(1998년, 투자레이더 간행)에서 "차트는 앞으로 나아갈 길을 알려주는 지도다"라고 말한 적이 있습니다. 하지만 지금 "차트란 무엇인가?"라고 묻는다면 '투자자의 의지를 반영하는 연표'라고 답하는 것이 더욱 적절하다고 생각합니다.

'투자자의 의지가 반영되었다'라고 표현하면 "며칠 동안 계속 올랐으니 이제 반전될 것이다" 또는 "시장 참여자들은 3이나 9같은 숫자를 의식한다"와 같은 투자 심리와 관련지어 생각할 수도 있습니다.

그러나 필자가 표현하고 싶은 것은 투자 심리나 투자자의 마음 같은 애매한 것이 아니라, "차트에는 투자자가 이익을 얻기 위해 구사하는 전략이 그대로 드러난다"라는 것입니다. 바로 그러한 전략이 그대로 기록된 '연표'라고 하는 것이 더욱 정확한 표현일 것입니다.

가격이 오르내리는 움직임을 전쟁의 역사라고 생각해보세요. 가격 상승은 전쟁이 시작되었음을 의미하며 변동폭의 크기는 전쟁의 규모를 나타냅니다.

한 전쟁이 끝나면 대개 가격은 원래 자리로 돌아가지만 피해가 크고 회복이 늦어지면 원래 자리보다 더욱 아래로 내려가기도 합니다.

우리 투자자들은 전쟁이 시작된 곳을 찾아 뛰어드는 용병입니다.

소규모 충돌이라면 곧 끝나지만 국가를 끌어들이고 전장이 확대되면 대규모 부대가 편성되어 쉽게 결판이 나지 않습니다.

일본 주식 시장은 2013년부터 국가를 끌어들인 전쟁에 돌입했습니다. 이 전쟁은 2017년 봄 현재도 여전히 계속되고 있습니다.

이렇게 생각하면 투자자 용병이 유리하게 싸우기 위해서는 어디를 보고 배워야 할지 일목요연합니다.

바로 전쟁이 벌어졌던 곳입니다.

과거 전쟁의 역사를 참고해 앞으로 전쟁이 발발할 곳을 예측하고, 전쟁이 시작되면 상대가 어떤 전략과 전술을 사용할지, 그리고 자신은 어떻게 대응해야 할지 파악해야 합니다.

따라서 차트를 분석할 때는 우선 '상승하고 있는 구간'을 최대한 많이 찾아내서 어떤 방식으로 상승했는지 각도, 가격폭, 차트패턴 등을 면밀히 조사하고 전장의 흐름을 이해해야 합니다.

'상승하고 있는 구간'에 주목하는 이유는 상승추세야말로 적극적인 시장 참여자들의 전략을 보여주기 때문입니다.

시장의 상승과 하락을 똑같이 '추세'로 설명하는 책이 많지만, 상승과 하락은 본질적인 성격이 다릅니다.

긴 상승은 우위에 있는 세력이 적극적으로 더 많은 승리를 노리지 않으면 형성될 수 없습니다. 반면 하락은 적극적으로 하락을 노리는 세력이 없어도 나타날 수 있습니다. 적극적으로 매수 세력이 철수하기만 해도 나타나는 움직임입니다.

따라서 이 책에서는 가격이 우선 상승하고, 그 후 횡보하거나 하락하는 움직임으로 전환되는 흐름을 기본 삼아 시장을 분석합니다.

'상승하고 있는 구간'을 확인했다면 다음에는 어떤 움직임이 상승의 전조인지 파악하고 누구보다 빨리 전장에 뛰어들어 높은 수익을 노려야 합니다.

　또한, 어떤 상황에서 상승이 끝나는지 조사해 자신이 철수해야 할 전조를 파악해두어야 합니다. 전장에서 고립된 채 남겨지면 아무리 강한 자도 승리할 수 없습니다.

시장에서 승리하기 위한 차트패턴은 단 두 가지다

차트가 전쟁의 역사를 보여준다는 것을 알았다면 우리 용병들은 과거 전쟁에서 사용했던 전술을 분석해 새로운 전쟁에 대비해야 합니다(비유가 과격해서 죄송하지만, 이해를 돕기 위해 이 비유를 계속 사용하겠습니다).

차트에서 주목해야 할 곳은 '과거의 전장'입니다.

제2장 이후에 자세히 설명하겠지만 과거의 전장이란 단순히 차트가 지그재그로 움직이는 가운데 나타나는 작은 등락이 있는 곳이 아닙니다.

우리가 반드시 주목할 것은 압도적인 지배력을 가진 세력이 어느 방향으로 진군하는지, 그 방향에 변화가 있는지, 이 진군이 언제까지 계속될지와 같은 큰 움직임이 있는 곳입니다.

개인전에서는 최강이라 자부하는 용병도 팀의 힘없이는 전장에서 무력합니다. 패배는 곧 죽음(시장 퇴출)을 의미합니다. 그렇기 때문에 개인 투자자들은 압도적인 지배력을 가진 세력(큰 움직임)에 편승해서 빠르게 승리를 거두기 위해 힘을 보태야 합니다. 시장에는 이념도 명분도 없습니다. 오직 돈을 위한 싸움이 벌어지는 곳이기에 이기는 편에 서는 것은 당연한 선택입니다.

[자료 1-1] 닛케이지수 2012년부터 상승국면

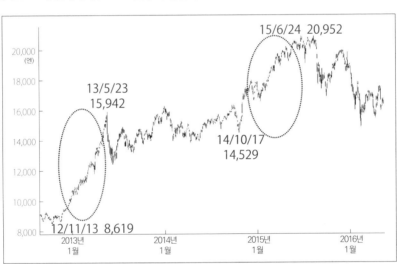

[자료 1-1]은 아베노믹스 장세가 시작된 2012년 말부터 2016년 7월까지 닛케이지수 일봉차트입니다.

여기서 우리가 참전해야 할 곳은 극단적으로 말해서 단 두 곳밖에 없습니다. 바로 2012년 11월부터 2013년 5월까지 약 6개월간의 상승국면과 2014년 10월부터 2015년 6월까지 약 8개월간의 상승국면입니다.

닛케이 225 선물이나 현물 주식의 신용 거래를 활용하면 하락 시에도 수익을 낼 수 있습니다. 따라서 두 번의 상승이 끝난 후 첫 번째 하락국면에 참전하는 것도 좋은 전략입니다. 우리는 이러한 '가격폭과 기간을 동반한 압도적인 상승세'에 진입할 가능성이 높은 지점을 찾아야 합니다. 그러므로 이러한 지점에 진입할 때 나타나는 공통적인 차트패턴을 파악해야 합니다.

다른 구간의 차트가 어떤 패턴을 형성하든 시장에서 승리하는 데 크게 중요하지 않습니다.

따라서 우선 알아두어야 할 포인트는 '가격폭과 기간을 동반한 압도적인 상승세'로 진입할 가능성이 있는 지점에서 나타나는 변화의 조짐입니다.

이 책에서는 이 변화의 조짐을 '전환점'이라고 부르겠습니다만, 엄밀히 말해서 이러한 전환점에는 [자료 1-2]와 같이 여섯 가지 경우가 있습니다.

다만 앞서 설명했듯이 이 책에서는 시장의 움직임을 읽을 때 상승 움직임을 기본으로 삼습니다. 따라서 분석해야 할 차트패턴은 크게 두 가지로 나뉩니다.

먼저 '상승추세에 진입하는' ①과 ⑤입니다(결과적으로 ⑤에 해당하지 않는 ⑥도 포함). 제2장에서는 이 시점을 파악하는 방법을 '전환패턴'으로 설명합니다.

실전에서 캔들패턴을 읽고 시장에서 승리하려면 이 시점을 정확히 파악하는 것이 매우 중요합니다.

[자료 1-2] 시장의 전환점

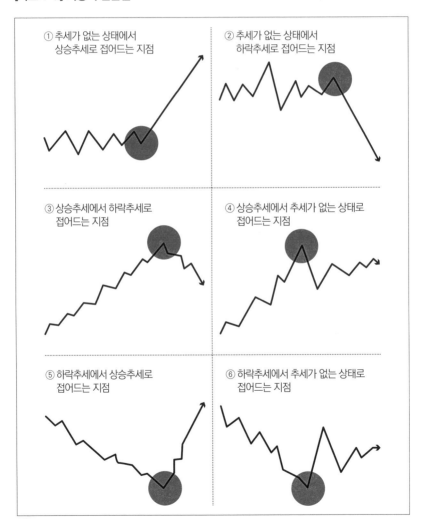

두 번째는 '상승추세가 끝나는' 지점인 ③과 ④라고 생각하기 쉽지만 그렇지 않습니다. 상승추세가 끝나는 것처럼 보이지만 실제로는 추세가 계속되는 패턴이 더욱 중요합니다. 실제 시장에서는 이것이 눌림목 매수 지점이며, 시장에서 이기기 위해 캔들패턴을 분석하는 실용적인 관점에서 매우 중요합니다.

추세 지속 여부를 파악할 수 있다면 그에 해당하지 않는 움직임이 ③과 ④라는 것을 자연스럽게 이해할 수 있을 것입니다. 이 책에서는 제3장에서 이 지점을 파악하는 방법을 '지속패턴'으로 설명합니다.

나머지 ②는 상승(매수)을 기본으로 생각하는 이 책의 입장에서 보면, ①의 반대 상황이 ②라는 정도로만 이해하면 충분합니다.

즉, 평론가처럼 시장을 해설하는 것이 아니라 시장에서 이기기 위한 실전적인 관점에서 보면 전환패턴인 '①과 ⑤', 지속패턴인 '③과 ④에 해당하지 않는 움직임', 이 두 가지만 파악하면 충분합니다. 그것만으로도 계속해서 승리할 수 있습니다.

다만 그것만으로는 [자료 1-1]의 원으로 표시된 부분을 정확하게 파악할 수 없습니다. '장기 추세'가 형성될 때는 수요와 공급 측면에서 반드시 그럴만한 이유가 있습니다.

시장 참여자가 모두 납득하고 그 움직임을 따라갈 만한 이유가 있어야 합니다. 추세가 오래 지속되는 시장을 만들기 위해서는 돌발적인 재료만으로는 부족합니다. 장기적인 움직임은 사전에 충분한 준비를 하고 다른 선택의 여지가 없는 상황에서 만들어지는 것입니다.

이 책에서는 제1장~제3장에서 캔들의 기본패턴과 그 배경에 대해 설명한 후, 제4장에서 그러한 장기 추세가 나타나는 국면(이것을 '인기국면'이라고 하겠습니다)에 대해 설명합니다.

캔들패턴은 언제나 통용되는 것은 아니며 '인기국면'에서 더욱 높은 정확도를 보입니다. 이는 일반적인 차트 해설서에서는 다루지 않는 중요한 내용입니다. 따라서 이 책에서는 '장기 상승국면'을 파악하는 것에 중점을 두도록 하겠습니다.

지금까지 [자료 1-1]의 원으로 표시된 부분처럼, 진입을 기대할 수 있는 지점과 진입을 확인할 수 있는 움직임, 현재 위치 및 추세 지속 여부를 확인할 수 있는 움직임에 대해 알아보았습니다.

이제 원으로 표시된 부분 이외의 움직임(이것을 '비인기국면'이라고 하겠습니다)을 이해하면 시장의 가격 움직임을 대부분 이해할 수 있을 것입니다.

SECTION 1-3
캔들차트의 본질은 예나 지금이나 변함없다

　이 책에서 앞으로 설명할 캔들차트는 에도시대 일본에서 탄생한 차트입니다. 오사카 도지마(堂島) 쌀 시장의 가격 변동을 조사하기 위해 만들어진 캔들차트는 당시 시장을 바탕으로 사카다오법(酒田伍法, 사께다오법, 사케다오법이라고도 함)(SECTION 1-6 참조), 전환패턴, 지속패턴 등 다양한 분석 기법을 발전시켰습니다.

　오랜 역사를 지닌 만큼 캔들 해석 방법에 대한 많은 해설서가 출간되었지만, 사실 일반적으로 알려진 캔들 해석 방법은 대부분 쌀 시장 시절부터 전해 내려오는 비법을 그대로 카피한 것에 불과합니다.

　하지만 현재 시장은 과거와는 다릅니다. 거래의 주체도 더 이상 일본세력뿐만이 아니게 되었으며 거래량과 종목 수도 증가했습니다. 또한, 거래 시간이나 거래 방식, 정보 전달 속도도 크게 변화했습니다.

그런데도 1700년대부터 이어져 내려온 차트 분석법이 현재에도 통용되고 있습니다. 이상하지 않습니까? 혹시 기존 저자들이 새로운 분석법 연구에 소홀했기 때문은 아닐까, 실은 새로운 기본적인 해석 방법이 있지 않을까 하는 의심마저 들 정도입니다.

하지만 실제로는 그렇지 않습니다. 매매 비법의 본질적인 부분은 현재에도 충분히 통용됩니다. 하루 동안의 가격 변동은 거래할 수 없는 시간대를 의식하며 그 시간까지 완료된 거래를 기반으로 형성 됩니다.

따라서 과거와 현재 하루 동안 시장이 움직이는 속도가 다르더라 도 그날의 캔들 형태가 나타내는 의미는 크게 다르지 않습니다.

추세 전환에는 시대와 장소를 불문하고 보편적인 조건이 존재하 며 누가 참여하든, 어떤 정보가 있든, 언제 거래하든 그 조건을 충족 하면 비슷한 캔들패턴이 나타납니다.

즉, 예나 지금이나 동서고금을 막론하고 캔들패턴의 본질은 변하 지 않는다는 것입니다.

이제부터 캔들차트에 대해 먼저 기본부터 설명하도록 하겠습니다.

SECTION 1-4 차트의 기본적인 구조와 해석 방법

이 책의 메인 테마인 '전환패턴'(제2장)과 '지속패턴'(제3장)을 다루기 전에, 차트 자체의 기본적인 구조와 해석 방법을 알아야 합니다.

[자료 1-3]은 그날의 종가를 연결한 라인차트(선차트)입니다. [자료 1-4]는 바차트라고 불립니다. 바차트는 당일 고가와 저가 사이의 범위를 막대로 표시하고 여기에 시가(왼쪽)와 종가(오른쪽)를 덧붙인 것입니다([자료 1-5] 참조).

라인차트와 바차트 모두 시장의 흐름을 파악하는 데 사용되지만, 그날의 가격 변동폭을 알 수 있다는 점에서 바차트 쪽이 좀 더 정보량이 많습니다.

예를 들어 반등고점을 기록한 날이 처음에는 상승하다가 장 마감이 가까워지면서 크게 하락하는 경우를 보겠습니다. 이때는 종가만 표시하는 라인차트보다 시가와 종가를 모두 알 수 있는 바차트가 어떤 움직임으로 상승이 제한되었는지 파악하는 데 더욱 유용합니다.

[자료 1-3] 라인차트

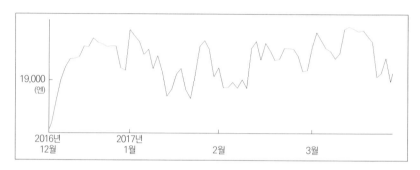

[자료 1-4] 바차트

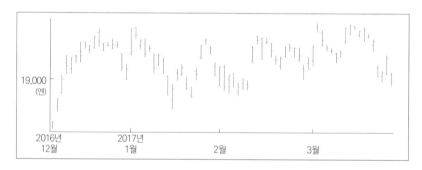

[자료 1-5] 바차트 작성 방법

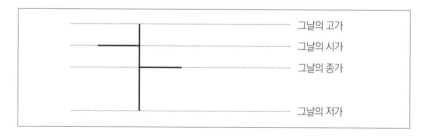

[자료 1-6]이 캔들차트입니다.

작성 방법은 [자료 1-7]과 같습니다. 시가와 종가, 하루의 가격 변동폭을 알 수 있다는 점은 바차트와 동일하지만, 캔들차트는 시가보다 종가가 높은지(양봉) 또는 낮은지(음봉)를 더욱 알기 쉽게 보여줍니다.

캔들의 구조를 자세히 살펴보면 시가와 종가 사이의 박스(이것을 몸통이라고 합니다)와 그 위아래 붙어 있는 선(이것을 윗꼬리, 아랫꼬리라고 합니다)으로 구성되어 있습니다. 이 구조를 통해 장중 가격 변동폭과 저항선 또는 지지선을 형성하는 움직임을 파악할 수 있습니다.

예를 들어 양봉을 기록한 날 봉의 몸통이 다른 날보다 길고 꼬리가 없다면 장 시작부터 마감까지 계속 상승했음을 의미합니다. 반면 양봉의 몸통이 작고 윗꼬리가 길다면 장 시작 후 일단 상승했지만, 마감에 가까워지면서 강한 상승 저항을 받았음을 알 수 있습니다.

시장 참여자들은 차트를 통해 미래를 예측하려 합니다. 미래를 알고자 하는 것은 본래 불가능한 길을 억지로 열려고 하는 것이나 다름없으며 그만큼 조금이라도 더 많은 정보가 필요합니다.

따라서 바차트와 캔들차트를 비교해서 정보량의 차이를 알게 되면 바차트는 사용하지 않게 됩니다. 이 책에서도 이후 캔들차트를 사용해 설명하겠습니다.

[자료 1-6] 캔들차트

[자료 1-7] 캔들차트의 구조

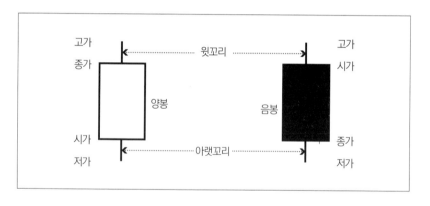

캔들을 알고 차트를 읽으면 주식 시장이 보인다

하나의 캔들을 읽는 일반적인 방법

[자료 1-8]은 하나의 캔들 모양이 지닌 의미를 간략하게 정리한 것입니다.

하단에 상승 지속, 잠깐 멈춤, 하락 지속 등으로 표시된 '봉의 성질'은 그날 하루 가격이 어떻게 움직였는지를 나타냅니다. 당일의 강세 또는 약세를 보여주는 것뿐이므로, 이것만으로는 다음 날 이후의 전개를 예측하기는 충분하지 않습니다.

실제로 사용할 수 있는 캔들패턴에 대해서는 제2장 이후에 설명할 예정이니 여기서는 '캔들은 그 모양에 따라 다양한 의미가 있다'라고만 이해해두시면 됩니다.

[자료 1-8] 하나의 캔들에 담겨 있는 다양한 의미

봉의 명칭	장대 양봉	장대 양봉	장대 양봉	장대 양봉	아랫 꼬리 양봉	소양봉	소양봉	아랫 꼬리 양봉	윗 꼬리 양봉
별명	양의 민둥산	양의 종가 민둥산		양의 시가 민둥산			팽이 (양의 극선)	종이 우산	
봉의 성질	상승 지속	상승 지속	상승 지속	상승 지속	상승 지속	상승 지속	흐름이 잠시 멈춤을 암시	상승 지속, 곧 반전 된다면 전환을 암시	상승 지속, 곧 반전 된다면 전환을 암시

봉의 명칭	장대 음봉	장대 음봉	장대 음봉	장대 음봉	아랫 꼬리 음봉	소음봉	소음봉	아랫 꼬리 음봉	윗 꼬리 음봉
별명	음의 민둥산	음의 종가 민둥산		음의 시가 민둥산			팽이 (음의 극선)	종이 우산	
봉의 성질	하락 지속	하락 지속	하락 지속	하락 지속	하락 지속	하락 지속	흐름이 잠시 멈춤을 암시	하락 지속, 곧 반전 된다면 전환을 암시	하락 지속, 곧 반전 된다면 전환을 암시

에도시대의 사카타오법에는
지금도 참고할 만한 부분이 많다

캔들차트 해설서에서 일반적으로 가장 먼저 언급되는 것이 바로 사카타오법(酒田伍法)입니다.

사카타오법의 유래는 정확히 알려진 바가 없지만, 일설에 의하면 에도시대 쌀 시장에서 활약했던 혼마 무네히사(本間宗久)의 '상장삼매전(相場三昧伝)'을 토대로 만들어졌다고 합니다.

'상장삼매전'이란 다음과 같이 다섯 가지 규칙으로 구성된 투자 방법입니다.

- 잡욕을 버리고 시간과 가격 변동의 관계를 고려해 시장의 상황을 파악해라.

- 천장에서 팔고 바닥에서 살 것을 명심하고 매매해라.

- 바닥보다 100섬(俵) 높게, 천장보다 100섬 낮게를 목표로 잡고 중간중간 추가 수익을 노려라.

- 예측이 틀렸을 때는 조기에 파악하고 즉시 거래에서 손을 떼라. 손을 뗀 후에는 반드시 40~50일 동안 거래를 쉬어라.
- 최대한 얻을 수 있는 이익의 7~8할 정도에서 이익을 취하고 시장이 충분히 무르익을 때까지 기다렸다 방침을 바꿔라.

이 규칙을 실행하는 구체적인 전략이 '사카타전술'이며, 이것이 오늘날 '삼산(三山), 삼천(三川), 삼공(三空), 삼병(三兵), 삼법(三法)'으로 구성된 사카타오법으로 전해지고 있습니다.

사카타오법은 캔들의 조합으로 이루어진 일련의 움직임을 통해 시장 전체를 예측하는 방법을 알려줍니다.

'삼산, 삼천'은 시장이 반전하는 지점을 나타냅니다.

큰 흐름의 전환은 여러 개의 캔들이 3개의 산과 골짜기를 형성하며, 작은 흐름의 전환은 약 3일간의 캔들 조합을 통해 전환 신호를 보냅니다.

'삼공'(갭)은 시장의 강세를 나타내는 패턴입니다. 추세에 진입하는 시점이나 추세 도중 시초가에 매매가 집중되어 가격이 급등하는 경우가 있습니다. 이 급등하는 움직임을 갭(Gap)이라고 부릅니다.

갭이 발생했다는 것은 그 방향으로 적극적인 매수가 이루어지고 있음을 뜻하며, 따라서 해당 방향으로의 강세를 나타낸다고 볼 수 있습니다.

'삼병, 삽법'은 추세의 지속 여부를 판단하는 기준으로 활용됩니다.

이렇게 조금만 살펴봐도 어떤 방법으로 시장 전체의 가격 변동을 예측하고 매매 포인트를 판단하는지, 실제로 어떤 전술을 어떻게 사용해야 하는지, 그 모든 것이 담긴 비전의 지침서임을 알 수 있을 것입니다.

필자는 저서 《차트의 구급상자》에서 사카타오법을 다룬 적이 있습니다. 이제부터 그 책의 내용을 바탕으로 사카타오법의 기본을 알기 쉽게 설명하겠습니다.

먼저 세계 최초의 선물 시장(쌀 시장)이 만들어진 일본에서 탄생한 캔들차트와 이를 활용한 가격 변동의 분석 법칙을 살펴본 후, 제2장부터 본격적인 내용에 들어가겠습니다.

실은 '맺음말'에서 다시 사카타오법 이야기를 할 예정입니다. 이 책을 끝까지 읽고 다시 '맺음말'을 보면 제1장에서 사카타오법에 대해 이토록 자세히 설명한 이유를 이해할 수 있을 것입니다.

시장의 흐름을 중시하는
삼산, 삼천

삼산은 상승에서 하락으로 전환될 때 형성되는 패턴, 삼천은 하락에서 상승으로 전환될 때 형성되는 패턴입니다([자료 1-9]). 삼산과 삼천은 단순한 캔들패턴이라기보다는 시장 전체의 흐름의 변화, 전환점을 나타냅니다.

[자료 1-9] 삼산, 삼천, 샛별형, 저녁별형

[자료 1-10] 서양에도 유사한 개념이 있다

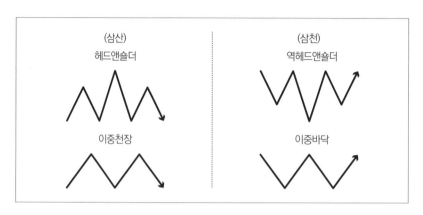

삼산은 상승추세에서 하락추세로, 삼천은 하락추세에서 상승추세로 전환되는 패턴을 나타냅니다.

시장 흐름의 변화를 나타내는 패턴으로는 서양에도 (역)헤드앤숄더, 이중바닥(천장) 등이 있는데 사카타오법에서는 이러한 패턴들을 총칭해 삼산, 삼천이라고 부릅니다([자료 1-10]).

[자료 1-9]는 사카타오법에서 추세 전환을 나타내는 캔들패턴으로 각각 샛별형(상승)과 저녁별형(하락)이라고 합니다. 이들 패턴도 삼산, 삼천의 한 예시입니다.

사카타오법의 삼천은 역헤드앤숄더의 흐름 자체를 가리키는 경우와 '샛별형'만을 가리키는 경우가 있습니다. 어느 쪽이 원래 삼천의 의미인지는 확실하지 않지만, 둘 다 오늘날에도 유용하게 참고할 수 있는 개념입니다.

SECTION 1-8 갭을 시장의 기세로 해석한 삼공

　　삼공은 시장의 추세 형성 과정에서 3회 정도 '공백(빈 공간)'이 발생한다는 이론입니다. 공백이란 연속된 캔들의 몸통 사이에 틈이 생기는 것을 말합니다([자료 1-11]).

　서양에서는 이 공백을 '갭'이라고 부르며, 삼공과 마찬가지로 추세 형성 과정에서 3종류의 갭이 발생한다고 봅니다.

　첫 번째 갭은 추세 전환의 기준이 되는 중요한 지지선이나 저항선을 돌파할 때 나타나는 갭입니다([자료 1-12]의 ①). 이는 지금까지 가격 변동폭이 제한적이었던 구간을 벗어난다는 의미에서 '돌파갭(Breakaway Gap)'이라고 부릅니다. 돌파갭이 가장 명확하게 나타나는 지점은 이중바닥(천장), (역)헤드앤숄더 바닥 형성 과정에서 목선을 상향(하향) 돌파하는 경우입니다([자료 1-13] 참조).

　캔들을 알고 차트를 읽으면 주식 시장이 보인다

[자료 1-11] 빈 공간(공백)

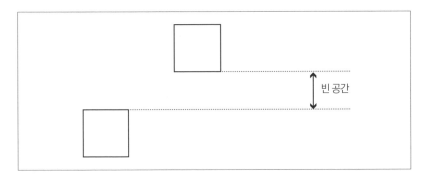

[자료 1-12] 추세 형성 과정에서 나타나는 빈 공간

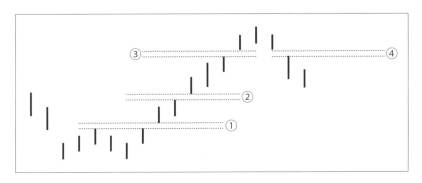

[자료 1-13] 전형적인 돌파갭이 나타나는 상황

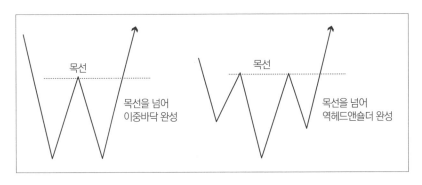

두 번째 갭은 추세 형성 중에 그 추세가 강한 기세를 보일 때 나타납니다([자료 1-12]의 ②).

이 갭은 경험적으로 추세 형성의 중간지점에서 자주 나타나기 때문에 진행갭(Runaway Gap)'이라고 불립니다. 추세가 조정국면에 들어섰을 때 지지선이나 저항선 역할을 합니다. 갭은 추세의 강도를 나타냅니다

[자료 1-14]의 상승추세에서 볼 수 있듯이 큰 폭의 상승(하락) 과정에서는 여러 개의 갭이 발생합니다. 갭을 동반한 상승은 상승추세의 강도를 확인시켜주고, 상승 지속 가능성을 시사합니다.

세 번째 갭은 시장의 마지막 단계에서 나타나는 갭입니다([자료 1-12]의 ③). 마지막 에너지를 모두 소진한 결과 나타난다는 의미에

[자료 1-14] 천장권에서 나타나는 아일랜드갭

캔들을 알고 차트를 읽으면 주식 시장이 보인다

서 '소멸갭(Exhaustion Gap)'이라고 부릅니다. 'Exhaustion'은 '소모, 고갈'이라는 뜻입니다.

이 세 가지 외에도 천장 확인 신호로 나타나는 갭이 있습니다. [자료 1-12]의 ④는 천장 확인 후 하락추세에서 나타나는 갭으로 '하향돌파갭(Downside Breakaway Gap)'이라고 부릅니다.

소멸갭과 하향돌파갭이 결합해 '아일랜드갭'이라는 전환패턴을 형성합니다([자료 1-14] 참조).

상승국면이 막바지에 이르면 상승 또는 하락 어느 쪽으로든 변동폭이 커지면서 갭이 발생하기 쉽습니다.

아일랜드갭은 갭을 통해 하락세로 강한 전환을 나타내며, 이후 하락추세가 이어지는 패턴입니다.

다만 명확한 천장형을 만들지 않았기 때문에 하락 초기에 다시 상승을 시도하는 경우가 있습니다. [자료 1-14]에서도 아일랜드갭 이후 주가가 다시 상승을 시도했다가 저항에 부딪혀 하락하는 모습을 보여줍니다.

SECTION 1-9 닛케이지수는 선물 주도로 빈번하게 갭을 형성한다

갭과 관련해 "닛케이지수와 같이 개별 종목이 아닌 종합주가지수의 움직임을 캔들차트로 분석하는 것이 과연 의미가 있을까?"라는 질문을 생각해봅시다. 이 책에서는 앞으로 닛케이지수의 캔들차트를 예시로 사용할 것이기 때문입니다.

닛케이지수는 갭이 자주 발생합니다. 거래가 이루어지지 않는 시간이 길고 야간 시간대의 선물 시장에 의해 가격이 형성되는 경우가 많기 때문입니다.

닛케이지수가 현물 시장의 움직임을 직접적으로 반영하는 시간대는 국내 현물 주식이 거래소에서 거래되는 시간대, 즉 9시부터 15시까지(11시 30분부터 12시 30분은 휴장)입니다.

반면 오사카 증권거래소에서는 닛케이선물이 거래됩니다. 선물 거래 시간은 주간 8시 45분부터 15시 15분까지, 야간 16시 30분부터 다음 날 5시 30분까지입니다. 선물은 현물 주식 거래가 없는 야간에도 환율이나 해외 주식 시장의 동향에 따라 가격이 변동합니다.

닛케이지수는 225개 종목을 종합한 지수이므로 일반적으로는 국내 닛케이지수 구성 종목의 매매 결과에 따라 가격이 결정된다고 생각하기 쉽습니다.

그렇다면 야간 거래에서 선물 가격이 움직이더라도 해당 시간에는 거래소에서 현물 주식 거래가 불가능하기 때문에 닛케이선물 가격은 크게 변동하지 않을 것입니다. 다음 날 닛케이지수 종목들의 동향을 확인한 후에야 움직이기 시작할 것이므로 현재처럼 빈번하게 갭이 발생하는 현상은 나타나지 않을 것으로 예상됩니다.

만약 현물 주식의 동향이 닛케이지수를 좌우한다면 닛케이지수는 많은 사람이 생각하는 것처럼 시장 전체의 방향을 나타내는 지표에 불과할 것입니다.

그러나 실제로는 시장을 주도하는 외국계 투자자들이 닛케이지수에 큰 영향을 미치는 일부 고액 종목을 의도적으로 매매해서 닛케이지수와 선물 가격을 조종하는 것으로 추정되는 상황입니다.

즉, '닛케이지수를 어떻게 움직일 것인가'가 먼저 결정되고 그에 맞춰 채택 종목이 변화하는 것입니다. 야간에 선물 가격이 형성되면 주간 거래에서는 야간 선물 가격에 맞춰 채택 종목의 매매가 이루어집니다. 그 결과 닛케이지수가 갭을 형성하며 시작하게 됩니다.

2016년 11월 10일은 닛케이지수가 선물 가격을 따라가는 전형적인 사례입니다([자료 1-15] 참조).

[자료 1-15] 2016년 11월 10일 닛케이지수 움직임

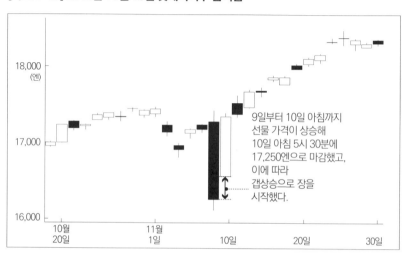

9일은 닛케이지수가 16,251엔으로 마감한 후 야간 거래에서 닛케이 225 선물(근월물)이 17,250엔까지 상승했습니다. 야간 거래에서 500엔 이상 선행 상승한 것입니다.

일반적으로는 지수와 선물 근월물의 가격차이는 100엔 정도면 충분하지만 닛케이지수는 선물과의 가격 차이를 메우기 위해서 아침부터 500엔이나 상승해야 하는 상황이었습니다.

그러나 현물 주식은 주문이 폭주하면 특별호가^{주)}가 발생해 거래가 원활하게 체결되지 않기 때문에, 시가총액 상위 종목을 매수해 닛케이지수를 끌어올린다 해도 시초가에서 모든 차이를 메우는 것은 불가능합니다.

11월 10일 닛케이지수는 16,562엔으로 출발해 오전 중에 급등하며 17,000엔을 돌파했습니다.

11월 10일처럼 선물이나 외국인 투자자 주도로 주가가 움직이는 경우, 닛케이지수가 갭상승하더라도 시장 조작을 의심하게 됩니다.

하지만 꼭 그런 것만은 아닙니다.

일본 닛케이지수의 큰 흐름은 일본 국내 상황에 따라 결정됩니다. 주가에 큰 영향을 주는 정보는 대부분 일본 주식 시장이 열려 있는 시간에 공개되므로, 시장의 변화를 예측하려면 장중 주가 움직임을 살펴보는 것이 중요합니다.

추세가 형성되는 상황에서는 이를 미리 예측하는 형태로 야간에 선물이 먼저 움직이고, 그 결과 다음 날 시초가에 갭이 발생합니다. 하지만 가격의 흐름이 전환되는 국면에서는 국내 주식 시장 전체의 변화를 확인할 필요가 있기 때문에 낮 시간 동안 각 종목의 흐름을 살펴봐야 합니다.

따라서 주가가 크게 변동하는 중요한 전환점에서는 제2장에서 설명할 '반전을 나타내는 캔들 모양', 즉 몸통의 가격폭이나 위아래 꼬리가 긴 캔들이 뚜렷하게 나타나는 것입니다.

㈜ 특별호가(特別気配) : 일본 주식 시장에서 사용되는 용어. 수요와 공급이 한쪽으로 치우쳐 매수 호가만 있고 갱신 가격 범위 내에 매도 호가가 없는 경우, 거래소는 호가를 표시하고 특별히 호가를 알리는데 이것을 특별호가라고 한다. 특별호가가 표시되는 동안에는 매매가 중지된다.

참고로 외국 자본이 주도하는 선물은 상승추세가 형성된 경우 야간에 달러/엔 환율과 NY다우지수를 참고해 다음 영업일의 닛케이지수를 올릴 수 있는 지점까지 가격이 상승하는 움직임을 보일 때가 있습니다.

이 경우 닛케이지수는 시초가에 그날의 상승분이 대부분 반영되기 때문에 그날은 보합세를 보이거나 오히려 시초가에서 상승한 만큼 다시 하락하는 경향을 보입니다. 닛케이지수가 상승하는 국면에서 종가는 전일 대비 큰 폭으로 상승했음에도 캔들은 음봉이나 소양봉으로 마감되는 것은 이러한 이유 때문입니다.

다음 페이지의 [자료 1-16]은 2016년 11월부터 12월까지 닛케이지수 상승국면입니다.

차트를 자세히 살펴보면 갭을 크게 벌리고 시작한 날은 장중에 갭을 메우지 못하고 음봉으로 마감하거나 양봉으로 마감하더라도 가격 변동폭이 작은 움직임을 보입니다.

그러나 12월 1일에 다시 고점을 찍을 때는 장중에 극단적으로 윗꼬리가 긴 양봉이 나타나면서 상승세가 둔화되었습니다. 반등고점을 돌파하고 상승 여력이 충분하다는 것을 확인한 12월 9일에는 가격 변동폭이 큰 양봉을 기록하며 장중에 상승폭을 확대했습니다. 12월 21일에 다시 고점을 찍을 때도 장중에 상승이 제한되는 움직임이 보입니다.

즉, 추세가 전환되는 날이나 상승 또는 하락세가 확실해지는 날에는 장중에도 강한 흐름이 뚜렷하게 나타납니다.

추세가 형성되고 이를 확인하는 날이나 변화 없이 흐름이 지속되는 날에는 외국인 투자자가 주도하며 야간에 가격이 결정되지만, 중요한 전환점이 되는 날에는 반드시 의미 있는 패턴이 나타납니다.

[자료 1-16] 닛케이지수 2016년 11월, 12월 상승

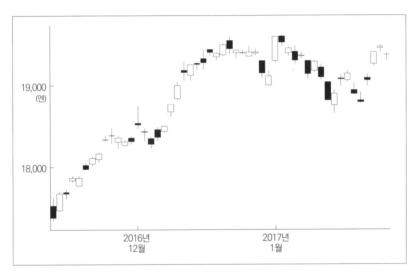

캔들의 기본적인 패턴은 예나 지금이나 변함이 없습니다. 중요한 것은 패턴의 형태 자체를 그대로 받아들이는 것이 아니라, 거래의 주체가 어디에 있고 어느 시간대에 가격이 자주 변동하는지 그 배경을 충분히 이해하고 현재 상황에 맞춰 해석하는 것입니다.

삼병과 삼법의 의미

다시 사카타오법 이야기로 돌아가봅시다. 삼병은 양봉이나 음봉이 여러 개 연속해서 나타나는 형태를 말합니다.

[자료 1-17]의 ①~③처럼 3개의 양봉이 연속해서 출현하는 형태를 '적삼병', ④~⑥처럼 3개의 음봉이 연속해서 출현하는 형태를 '흑삼병' 또는 '까마귀형'이라고 합니다.

①, ④는 양봉, 음봉이 평행하게 연속해서 출현한 형태입니다. 이것이 본래의 삼병 형태이며 삼병이 나타난 방향으로 강한 추세가 이어질 가능성을 보여줍니다.

하락이 멈추고 시장이 횡보 상태에 들어섰을 때 적삼병이 나타나면 횡보돌파 신호로 간주됩니다.

단 적삼병 중에서도 ②패턴은 '상승적삼병'이라고 불리며 이후 상

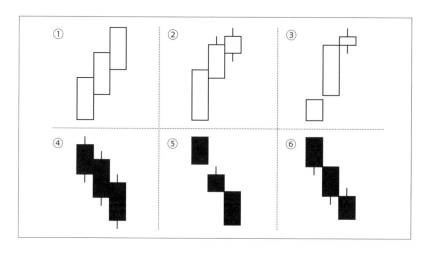

승할 여지가 적다고 알려져 있습니다. 이는 첫 번째 양봉에 비해 점
차 양봉의 몸통이 짧아지고 두 번째, 세 번째 양봉에 비교적 긴 윗
꼬리가 나타나는 패턴입니다. 점차 상승세가 약화되고 있음을 나타
냅니다.

③패턴은 '정체적삼병'이라고 불립니다. 두 번째 양봉이 장대양봉
이고 그 다음 날 양봉이 팽이형인 패턴입니다. 팽이형은 일단 상승
이 멈춘 후 관망하는 상태를 나타내므로 이익이 발생한 주식은 우선
정리하는 것이 좋습니다.

⑤는 '민머리삼우', ⑥은 '동사삼우'라고 부릅니다. 둘 다 본래의
'까마귀 세 마리'라는 의미처럼 하락 방향으로 강한 추세를 나타냅
니다.

천장권에서 가격 변동이 커지고 있을 때(캔들 하나하나가 길 때)

'흑삼병'이 나타나면 그 후 하락(붕괴되는 경우도 있음)의 신호로 간주합니다.

삼법은 시장의 흐름이 잠시 휴식기에 들어가는 패턴을 말합니다. [자료 1-18]의 ①, ②는 삼법의 전형적인 패턴으로 ①은 '상승삼법', ②는 '하락삼법'이라고 불립니다. 각각 전날 발생한 갭을 메우는 형태입니다.

[자료 1-18] 삼법

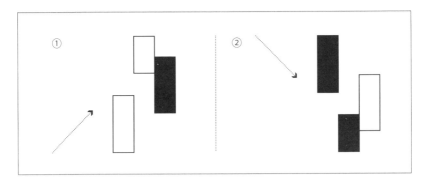

상승삼법은 매수 신호, 하락삼법은 매도 신호라고 불립니다. 이들은 상황에 따라 눌림목 매수, 반등 매도)의 중요한 지점이 되기도 하지만. 한편으로는 그대로 추세전환을 나타내는 선이 될 수도 있습니다.

따라서 삼법이 출연해 상승 또는 하락을 명확하게 판단하기 어려울 때는 잠시 시장을 관망하는 것이 무난하다고 볼 수 있습니다.

삼병과 삼법의 해석

삼병을 나타내는 캔들 조합은 추세가 형성되고 그 흐름에 확실하게 진입했음을 알려주거나 추세 도중 조정국면에 들어섰음을 알려주는 패턴입니다.

한편 삼법은 추세가 형성되었더라도 가격 변동폭과 기간이 긴 조정국면에 진입할 수 있으므로 흐름에 변화가 없더라도 잠시 쉬어가는 것이 중요하다는 가르침을 담고 있습니다.

또한 상승삼법, 하락삼법처럼 하나의 캔들로 조정을 마치고 다시 원래의 추세로 진입하는 경우도 설명하고 있습니다.

추세가 끝났는지 아니면 아직 계속되고 있는지 확실하지 않아서 혼란스럽게 느껴질 수도 있습니다. 그러나 여기에는 중요한 메시지가 숨어 있습니다. '흐름의 지속 여부를 판단하는 것은 어렵지만 그

래도 반드시 어떠한 기준이 필요하다'라는 것입니다.

사카타전술에서는 캔들패턴을 일단 정해놓고 그것을 기준으로 사용합니다. 삼법에서 말하는 '쉬는 것도 투자의 일부'라는 말은 캔들의 출현방식에 따라 휴식이 길어질 수도 짧아질 수도 있다는 뜻입니다.

이 책에서는 이런 '어느 쪽인지 알 수 없는' 상황에서 어떻게 판단해야 하는지, 그 방법을 알려드립니다. 단순히 여러 개의 캔들 조합을 형식적으로 소개하는 데 그치지 않고, 좀 더 근본적인 부분에서 아직 흐름이 지속되고 있는지 이미 끝났는지 판단하는 방법을 알려주고, 그것이 어떻게 패턴으로 나타나는지 설명합니다.

그 포인트만 알면 왜 그런 캔들패턴이 형성되는지 자연스럽게 이해할 수 있을 것입니다.

제2장

'전환패턴'
읽는 법과 활용법

제2장에서는 '전환패턴'의 기본형과 그러한 형태가 나타나는 근본적인 이유를 설명하겠습니다. 그리고 그에 앞서 '정말 캔들로 미래를 예측할 수 있을까?'라는 물음에 필자가 '할 수 있다'라고 생각하는 이유를 설명해드리겠습니다.

제1장 마지막에서 "삼법에서 말하는 '쉬는 것도 투자'라는 말은 캔들의 출현 방식에 따라 긴 휴식이 될 수도 있고 짧은 휴식이 될 수도 있다는 뜻입니다"라고 말씀드렸습니다. 이 긴 휴식(완전한 휴식)과 짧은 휴식의 차이점을 살펴보면서 캔들로 미래를 예측할 수 있는 이유를 생각해봅시다.

짧은 휴식의 경우, 지금까지 적극적이었던 시장 참여자들이 갑자기 사라진 것은 아닙니다. 잠시 숨을 고르고 있는 것뿐입니다. 바로 옆에 에너지가 응축되어 있어서 마치 곧 뜨거운 마그마가 지표면으로 흘러넘칠 것처럼 활화산이 연기를 내뿜는 상황과도 같습니다.

캔들차트를 볼 때 우리가 확인해야 할 것은 시장 참여자들의 생각과 의지입니다. 시장 참여자들이 눈을 반짝반짝 빛내며 언제든지 출동할 준비가 되어 있는지, 그 여부를 파악하는 것이 중요합니다.

애초에 많은 시장 참여자들이 그 종목에 주목하지 않으면 캔들패턴은 아무런 의미가 없습니다.

따라서 캔들패턴이 보내는 신호로 예측할 수 있는 상황은 휴식이기는 해도 완전한 휴식이 아니라 짧은 휴식입니다. 시장 참여자들이 잠시 숨을 고른 후 곧장 적극적으로 움직이려고 주목하고 있는 상황입니다. 마그마가 지표 바로 아래 대기하며 지하수맥과 접촉해 수증기 폭발을 일으키기를 기다리고 있는 상황이어야만 합니다.

그리고 그것이 짧은 휴식이라면 곧 캔들패턴을 통해 시장 참여자들의 생각이 분출될 것이고, 그렇지 않으면 그런 형태가 나타나지 않을 것입니다. 그렇기 때문에 며칠간의 캔들 조합으로 이후의 전개를 예측할 수 있는 것입니다.

그건 그렇고 지금까지 캔들이 시장 참여자들의 생각과 의지를 나타낸다고 설명했습니다만, 그 생각과 의지란 무엇일까요?

기존의 차트나 기술을 분석하는 해설서에서는 "3영업일 정도 반대로 움직였으니 이제 곧 되돌림이나 반등이 올 것 같다"나 "9영업일 정도 일정한 방향으로 움직였으니 심리적으로 조정에 들어갈 것 같다" 등 근거가 모호한 해설이 많았습니다.

만약 이 책에서 시장 참여자들의 의지라는 말만 강조한다면 결국 아무 근거 없이 경험상 비슷한 패턴이 몇 개 보인다는 이유로 반전할지 지속될지 억지로 끼워 맞추는 것처럼 보일지도 모릅니다.

그러니까 여기서 '의지'라는 말의 의미를 좀 더 깊게 설명하도록 하겠습니다.

캔들에 숨겨진 의지란 시장 참여자들의 이익을 얻고자 하는 욕구를 의미합니다.

제4장에서 자세히 설명하겠지만 가격의 큰 변화는 단기간에 이익을 얻고자 하는 사람들이 모여서 발생합니다.

이익을 얻고자 하는 욕구를 좀 더 구체적으로 설명하자면 짧은 기간에 효율적으로 돈을 벌고 싶다는 뜻입니다.

시장 참여자들은 수익이 날 때까지 오랫동안 기다리지 않습니다. 단기적인 이익을 추구하는 사람들은 마치 메뚜기 떼와 같습니다. 일제히 몰려들어 상승부터 하락까지 모든 것을 먹어치우고 떠납니다. 그들이 떠나고 나면 한동안 가격이 거의 움직이지 않고 움직일 사람도 없는 상황이 되어버립니다.

이해하기 쉽게 비유를 바꿔보겠습니다. 낚싯배를 타고 바다에 나갔는데 물고기 떼가 어디 있는지 몰라서, 캔들이라는 어군탐지기를 사용해 물고기 떼를 찾는 중이라고 가정해봅시다.

물고기 떼가 있는 곳에 도착했는지, 물고기 떼가 떠났는지 알려주는 것 외에도 그곳에 드리운 낚싯대의 찌의 움직임까지 알려주는 셈입니다.

　물고기 떼가 있을 때 찌가 가라앉는 것은 물고기가 미끼를 물었다는 확실한 신호입니다. 하지만 물고기 떼가 없을 때 찌가 가라앉는 것은 보통 바위나 부유물에 낚싯바늘이 걸렸다는 뜻입니다. 즉, 가짜신호에 불과하지요.

　그렇다면 캔들패턴을 활용하는 것은 아무 때나 상관없는 것이 아니라 물고기 떼가 있을 때여야만 합니다. 패턴만 외워서 무턱대고 사용하면 예측의 정확도가 떨어집니다. 흔히 "캔들패턴은 맞을 때도 있지만 그렇지 않을 때도 있어서 전체적으로 특별히 유용하지 않다"라고 하는데, 이는 그 전에 물고기 떼가 있는지 없는지 고려하지 않았기 때문입니다.

　이 책에서는 캔들차트의 패턴을 사용하기에 앞서 물고기 떼가 있는지 없는지, 그 물고기 떼가 먹이를 찾아 활발하게 움직이고 있는지(이것을 '인기국면'이라고 하겠습니다) 여부를 판단하는 방법도 제4장에서 설명하겠습니다.

　앞서 말씀드렸듯이 캔들차트의 패턴을 뒷받침하는 의지란 짧은 기간에 효율적으로 이익을 얻고자하는 단기 시장 참여자의 생각과 의지입니다.

　다시 말해 의지가 있다는 것은 단기 시장 참여자가 그 움직임을 통해 효율적으로 이익을 얻고 있는 상태라는 뜻입니다. 여기에 심리적인 요인은 없습니다. 단순히 이익을 얻고 있는지 아닌지 그 여부만이 중요합니다. 그리고 이익을 얻고 있는 상황인지 아닌지는 다음 SECTION에서 설명하듯이 캔들차트의 흐름을 통해 객관적으로 파악할 수 있습니다.

그렇기 때문에 캔들차트를 분석하면 시장 참여자들의 의지를 읽을 수 있는 것입니다.

이익을 얻을 수 있는 상황이란 어떤 상황인가?

SECTION 2-2

낚싯배를 타고 어군탐지기를 사용해 어장을 찾아갈 때, 자금력이 있는 낚시꾼(또는 어부)은 배를 이리저리 움직여 물고기가 있는 곳을 찾아다니거나 아예 인공어초를 설치해 물고기 떼를 끌어모으기도 합니다. 한편 자금력이 없는 낚시꾼은 물고기가 있는 곳까지 갈 수 없기 때문에 같은 자리에 낚싯줄을 드리운 채 하염없이 기다릴 수밖에 없습니다.

많은 개인 투자자들이 시장에서 실패하는 이유는 물고기 떼가 언제 올지도 모르면서 가끔 잡히는 작은 물고기 한 마리에 기뻐하며, 계속 미끼를 뿌리고 끊임없이 돈을 낭비하기 때문입니다. 그러다 물고기 떼가 다가올 때쯤에는 미끼를 살 돈도 없고 낚시에도 흥미를 잃어버립니다.

그렇다면 개인 투자자가 이익을 얻으려면 최소한 물고기 떼가 오는 조건을 알고 있어야 하며, 물고기 떼가 도착했을 때 그 자리에 머물면서 지치지 않고 낚시를 계속해야 합니다.

물고기 떼가 찾아오는 조건은 제4장에서 설명하겠습니다. 또한 물고기 떼가 활성화되기 시작하는 상태(전환패턴)는 이번 장에서, 물고기 떼가 계속 활성화되어 있는 상태(지속패턴)는 제3장에서 자세히 설명하겠습니다.

이번 SECTION에서는 어째서 캔들차트를 통해 물고기 떼가 몰려와서 활성화되었다는 것을 알 수 있는지, 그 이유를 설명해드리겠습니다.

단기 시장 참여자들이 이익을 얻을 수 있다고 생각해서 그 종목에 주목하고 시장에 진입합니다.

이들의 초기 움직임은 가격위치나 시장 상황에 따라 시장 참여자들의 관심도를 변화시켜 '서둘러 매수에 나서면서 비교적 큰 가격 변동을 유발하는' 현상으로 나타납니다.

하지만 일시적으로 주목을 받았다고 해서 수익을 얻고자 하는 시장 참여자들이 계속해서 그곳에 머물며 적극적인 투자를 반복할지는 알 수 없습니다.

이를 알기 위해서는 시장 참여자들이 이익을 얻고 있는 상황인지 객관적으로 살펴봐야 합니다.

단기간에 효율적으로 이익을 얻고자 하는 사람들이 계속 그곳에 머물며 활발하게 활동하는 조건은 그곳에 있는 대다수의 시장 참여자들이 같은 생각을 갖고 있는 것입니다. 많은 시장 참여자들이 공통 인식 속에서 이익을 얻는 것만을 목적으로 행동해야 합니다.

그들은 누군가와 연락을 주고받는 것도 아닙니다. 객관적으로 가격의 움직임을 확인하면서 공통인식 속에서 움직이고 있다고 판단해 투자를 지속하는 것입니다.

사전 약속도 없이 서로 공통인식을 갖고 움직이기 위해서는 당연히 암묵적인 규칙이 필요합니다. 그것이 바로 가격 변동, 즉 캔들차트의 패턴으로 나타나는 것입니다.

많은 개인 투자자들은 차트를 볼 때 표면적으로 비슷한 형태만 보고 불안해하며 가격 변동을 예측합니다. 하지만 이러한 패턴 형성에는 암묵적인 규칙이 존재한다는 사실을 이해한다면 막연한 추측과 불안에서 벗어나 확신을 가지고 대응할 수 있게 됩니다.

SECTION 2-3
기존 주식 책에서 일반적으로 다루는 반전패턴

 다음 페이지의 [자료 2-1]은 2개 또는 3개의 캔들이 조합된 형태로, 일반적으로 추세 전환의 신호가 될 수 있는 패턴들을 보여줍니다.

 자료의 왼쪽은 하락에서 상승으로 전환될 때 나타나는(강세) 패턴, 오른쪽은 상승에서 하락으로 전환될 때 나타나는(약세) 패턴입니다.

 어느 패턴이든 2~3일간의 캔들 조합을 하나의 캔들로 단순화하면 '꼬리'가 길고 전환을 암시하는 형태를 띠고 있음을 알 수 있습니다.

 '상승장악형', '상승잉태형', '상승관통형', '샛별형', '상승집게형'은 아랫꼬리가 긴 형태, '하락장악형', '하락잉태형', '흑운형', '저녁별형', '하락집게형'은 윗꼬리가 긴 형태입니다. 상승 저항 또는 하락 지지에 의해 추세가 반전될 가능성을 나타냅니다.

 캔들 조합은 지금까지 많은 사람들이 연구해온 결과 다양한 패턴이 소개되었습니다. [자료 2-1]의 패턴들은 그중에서도 자주 언급되는 만큼 일단 주의 깊게 살펴볼 필요가 있습니다.

[자료 2-1] 캔들의 조합으로 나타나는 반전패턴(일반적인 패턴들)
※ 각 패턴의 오른쪽은 2~3일간의 움직임을 하나의 캔들로 나타낸 것입니다.

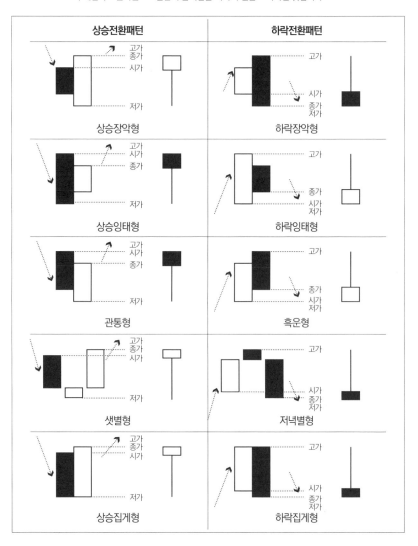

　캔들을 알고 차트를 읽으면 주식 시장이 보인다

'일단 주의 깊게 살펴봐야 할' 정도인 만큼 [자료 2-1]에 있는 각각 다섯 가지의 상승·하락패턴 중에 어느 것이 더 신뢰할 만한지 특별한 순위는 없습니다. 다만 앞서 설명했듯이 각 패턴을 하나의 캔들로 단순화하면 꼬리의 길이나 몸통의 양봉·음봉 여부에 따라 대략적인 강도를 가늠할 수 있습니다.

'상승장악형'과 '상승잉태형'을 하나의 캔들로 바꿔서 형태를 비교해보면 전자는 양봉인 반면 후자는 음봉입니다. 따라서 반전을 향하는 에너지의 크기는 '장악형'이 더 크다고 볼 수 있습니다.

'상승잉태형'과 '관통형'을 비교하면 하나의 캔들로 나타냈을 때 같은 형태의 음봉이 됩니다. 그러나 하루 동안의 가격 변동을 비교하면 전날의 하락폭을 단번에 회복하는 '관통형'이 더욱 강한 상승 에너지를 나타냅니다. 따라서 '잉태형'보다 '장악형', '관통형(피어싱라인)'이 보다 신뢰할 수 있는 패턴이라고 할 수 있습니다.

삼천에 대해서는 제1장 사카타오법 해설에서 다룬 바 있습니다.

'샛별형'은 세 번째 양봉이 첫 번째 음봉의 고점을 돌파함으로써 전체 캔들(세 개의 캔들을 하나로 합친 것)이 양봉이 됩니다. 실제 시장에서 '샛별형'이 나타났을 때는 세 번째 양봉이 첫 번째 음봉의 고점을 돌파했는지 여부가 중요한 포인트입니다. 만약 고점을 돌파하지 못했다면 이후 돌파 여부가 중요합니다. 두 번째 캔들은 음봉, 양봉 어느 쪽이든 전체 캔들의 '아랫꼬리' 길이에 변화가 없으므로 어느 경우든 비슷한 강도라고 볼 수 있습니다.

'상승집게형'은 두 번째 양봉이 첫 번째 음봉의 고점을 돌파하는 것이 중요합니다. 만약 두 번째 캔들도 음봉이라면 세 번째 이후 캔들이 첫 번째 음봉을 돌파하는지 여부가 중요한 포인트가 됩니다.

전환의 궁극적인 움직임은 하나의 캔들에 나타난다

이전 SECTION에서 굳이 일반적으로 잘 알려진 캔들 패턴을 언급한 이유는, 이를 시작점으로 캔들패턴의 형성 배경과 원리를 깊이 이해함으로써 진정으로 의미 있는 전환패턴을 발견할 수 있기 때문입니다.

앞에서는 단순히 '하나의 캔들로 단순화하면 위아래로 꼬리가 긴 형태를 이루며 상승과 하락이 제한'되는 형태에 초점을 맞춰 설명했습니다.

아마 초심자에게는 이 정도 설명이면 충분할 것입니다. 이러한 설명은 오랫동안 캔들패턴 해설에 사용되어 왔으며, 필자도 1998년에 출간한 《차트의 구급상자》에서 그렇게 설명했습니다.

그러나 20년이 지난 지금 상황은 완전히 달라졌습니다. 여러분이 시장의 가격 변동을 분석하는 데 참고할 수 있는 정보가 인터넷에 넘쳐납니다. 또한, 거래 가능 시간대도 변화해서 시가와 종가의 의미와 중요성도 점차 달라지고 있습니다.

이제 누구나 스마트폰을 사용해 지하철 안에서든 어디서든 주식 거래를 할 수 있습니다. 실시간으로 가격 변동과 차트 확인이 가능해지면서 하루 중 캔들이 전환패턴을 형성하기 전에 거래를 시작할 수 있게 되었습니다.

이 책에서는 이처럼 발전한 시장과 시장 참여자들의 수준에 맞춰, 가격 반전을 판단하는 기준을 형태가 아닌, 그러한 움직임이 나타나는 근본적인 이유에서 찾고자 합니다. 또한, 반전의 전조를 미리 감지해 전환패턴이 형성되기 전에 미리 대응할 수 있는 방법을 제시합니다.

일반적으로 잘 알려진 전환패턴은 어째서 그렇게 판단되는 것일까요? 이유는 간단합니다. '이전에는 나타나지 않았던 방향으로 강한 반응을 보이는 움직임을 확인했기 때문'입니다.

[자료 2-1]을 설명하면서 '캔들 조합을 하나의 캔들로 단순화하면 위아래로 꼬리가 길어진다'라고 말씀드렸습니다.

이를 통해 저점이 강하게 지지되었다는 점에서 반전의 기준으로 해석할 수도 있지만, 그것이 본질은 아닙니다.

본질은 사람들의 행동에 있습니다.

가격이 반전되는 조짐은 많은 사람이 그 종목의 특정 가격대에 주목할 때 나타납니다. 반전의 첫 번째 계기는 '많은 시장 참여자들이 당황하는 것'입니다.

인간은 자신이 예상하는 범위 안에서 일어나는 움직임에는 당황하지 않습니다. 예상치 못한 상황이 발생했을 때 당황하고, 당황하면 반응이 빨라집니다.

캔들의 전환패턴은 바로 그 당황한 움직임, 즉 빠른 반응이 나타난 결과입니다.

빠른 움직임인지 어떤지는 일정 기간 가격 변동폭의 크기로 판단할 수 있습니다. 예를 들어 2주(10영업일) 동안 200원이 변동하는 것보다 1주(5영업일) 동안 200원이 변동하는 것이 더 빠른 반응입니다.

전환패턴 여부를 판단할 때 우리는 '변화'를 찾습니다.

여기서 말하는 변화란 사람들이 예상치 못한 일에 놀랐을 때 보이는 반응이 시장의 움직임에 나타나는 상황을 뜻합니다.

며칠에 걸쳐 천천히 나타나는 움직임과는 다릅니다. 우리는 사람들이 놀라서 일으키는 돌발적인 반응을 찾아야 합니다. 그 궁극적인 형태는 하루 동안의 변동폭이 큰 반응입니다.

예를 들어 모두가 '이제 곧 반등할 것 같다' 또는 '이제 곧 시장이 어느 방향으로 움직일 것 같다'라고 주목하는 타이밍(가격대나 날짜)에 갑자기 가격이 상승(하락)하거나, 가격대나 날짜로 볼 때 항상 반전하락(상승)하던 지점에서 하락하지(상승하지) 않으면 '혹시 변화가 일어난 것 아닐까?'라는 생각이 들기 마련입니다.

〈드래곤볼〉의 '원기옥'(주인공 손오공의 필살기)과 같습니다. 보다 많은 사람의 마음이 모일수록 더욱 강력한 공격이 됩니다.

잠시라도 '혹시?' 하는 생각으로 행동에 나서는 사람이 많아질수록 특정 가격대를 돌파한 시점부터 가격 움직임에 탄력이 붙습니다.

전환패턴은 예상치 못한 상황에 직면했을 때 얼마나 많은 사람이 당황해서 어떤 행동을 했는지 보여주는 형태입니다. 그 형태를 보고 이전 흐름과는 반대로 매수 또는 매도를 원하는 사람이 얼마나 많은지 판단해 시장의 추세가 전환될 가능성을 예측하는 것입니다.

이제 이해하시겠지요?

전환패턴인지 아닌지를 판단하는 기준은 형식적인 캔들 조합이 아닙니다. '급격하고 큰 변화를 보이는 움직임'입니다.

예를 들어 반전상승의 경우, 전날 하락폭이 커지면서 예상치 못한 저점을 기록한 상황에서 자주 나타납니다. 결과적으로 '크게 하락하고 크게 상승하는' 조합이기 때문에 반전 상승할 때 캔들 형태가 비슷해지는 것입니다.

아랫꼬리가 긴 하나의 캔들은 하루 동안 주가가 크게 하락했다가 다시 큰 폭으로 상승했음을 나타냅니다. 가격이 일정선 아래로 떨어지자 시장 참여자들이 당황해서 적극적으로 매수에 나선 것입니다. 즉, 특정 가격대가 시장에서 중요한 지지선 또는 저항선으로 작용하고 있다는 사실을 알 수 있습니다.

SECTION 2-5 캔들 한 개의 가격 변동폭을 측정하는 기준은?

어느 정도의 변동폭이 발생해야 시장 참여자들이 당황했다고 판단할 수 있을까요? 다음 [자료 2-2]는 2016년 닛케이지수 일봉차트입니다.

얼핏 보아도 알 수 있듯이 2016년 6월 24일과 11월 9일은 다른 날에 비해 유독 큰 음봉을 기록하고 있습니다.

6월 24일은 시가에서 종가까지 가격 변동폭이 1,381엔이나 됩니다.

11월 9일은 시가에서 종가까지 가격 변동폭이 1,030엔입니다.

버블 붕괴 후 가격이 안정을 되찾은 1993년부터 2016년까지 월별 변동폭(고가에서 저가까지 가격 변동폭)의 평균값을 조사해보면 다음과 같습니다.

- 1월⋯1,415엔 폭
- 2월⋯1,174엔 폭

- 3월…1,494엔 폭
- 4월…1,321엔 폭
- 5월…1,248엔 폭
- 6월…1,178엔 폭
- 7월…1,244엔 폭
- 8월…1,337엔 폭
- 9월…1,193엔 폭
- 10월…1,307엔 폭
- 11월…1,444엔 폭
- 12월…1,276엔 폭

이 결과를 보면 알 수 있듯이 닛케이지수 한 달 간 변동폭이 커졌을 때도 최대 1,500엔 정도입니다. 6월 24일과 11월 9일은 모두 한 달 동안 힘겹게 도달할 수 있는 가격 변동폭을 단 하루 만에 움직였습니다.

[자료 2-2] 2016년 닛케이지수 추이

캔들을 알고 차트를 읽으면 주식 시장이 보인다

6월 24일에는 대체 무슨 일이 있었던 걸까요? 이날은 바로 영국이 EU(유럽연합)에서 탈퇴할지 잔류할지 결정하는 국민투표가 시행된 날입니다.

2016년 초부터 이 이벤트는 큰 화제를 모았습니다. 그리고 일본 언론은 대부분 '영국인들의 성격을 고려하면 탈퇴하지는 않을 것이다', '영국이 EU에서 탈퇴하면 세계 경제가 큰 타격을 입고 일본도 그 여파로 초엔고 현상이 일어나 주가가 폭락하겠지만 그런 사태는 일어나지 않을 것'이라는 논조였습니다.

[자료 2-2]의 차트를 보면 6월 24일 국민투표가 다가올수록 경계심으로 인해 점차 주가가 하락하지만, 그 하락도 6월 16일에 저점을 찍고 반등했습니다.

이 무렵부터 영국 여론조사에서도 잔류가 우세했기 때문에 탈퇴할 일은 없을 거라는 낙관론이 일본 언론의 주류를 이루었습니다.

그 결과 닛케이지수는 투표 당일 아침까지 상승세를 보였습니다.

그렇다면 투표 당일에는 어떤 움직임이 있었을까요?

NHK의 선거 개표 속보 덕분에 시장 참여자들도 시시각각 변하는 정세를 빠르게 파악할 수 있었습니다.

필자 또한 자신의 사이트에서 실시간으로 실황을 보고했기 때문에 당시 상황이 어떻게 전개되었는지 똑똑히 기억이 납니다.

8시 시점에는 대부분의 국내 언론이 '잔류파가 유리한 상황'이라는 여론조사 결과를 발표했기 때문에 8시 45분에 개장한 선물 시장도 큰 하락 없이 비교적 안정적인 움직임을 보였습니다.

닛케이지수는 16,333엔으로 시작해서 일시적으로 상승을 시도하는 움직임을 보였습니다.

10시경부터 일부 지역에서 탈퇴파가 우세하다는 보고가 있었는지 엔고가 급격히 진행되면서 닛케이지수가 하락했습니다.

그러나 10시를 지나 탈퇴 49.1%, 잔류 50.9%라는 중간집계 결과가 나온 후 하락분을 만회하려는 움직임을 보입니다.

11시경 중간집계 결과는 잔류 50.2%, 탈퇴 49.8%입니다. 잔류 측이 득표수를 늘릴 것으로 예상했으나 오히려 한때 벌어졌던 격차가 줄었습니다.

11시 7분, 잔류 49.7%, 탈퇴 50.3%로 역전되었고 닛케이지수가 크게 하락하기 시작합니다.

11시 38분, 잔류 48.7%, 탈퇴 51.3%로 순식간에 격차가 벌어집니다. 아직 개표가 절반도 끝나지 않아서 확실하지는 않지만 탈퇴가 상당히 우세해졌습니다.

11시 55분, 개표율 약 34.2%. 탈퇴 51.5%, 잔류 48.5%입니다.

12시 6분, 개표율은 39.2%로 탈퇴 51.3%, 잔류 48.7%가 되었습니다. 점차 잔류 측이 따라잡고 있습니다.

12시 9분, 탈퇴파가 우세한 지역에서는 격차가 크고 잔류파가 많은 지역에서는 접전을 벌이고 있는 것으로 보입니다. 탈퇴 51.1%, 잔류 48.9%로 격차가 많이 줄어들었습니다.

12시 21분, 개표율 45.2%. 탈퇴 51.3%, 잔류 48.7%입니다. 일단 격

차가 좁혀졌다가 다시 벌어졌습니다. 역전은 힘들어 보입니다.

12시 44분경, NHK에서 탈퇴가 확실시된다고 보도합니다.

[자료 2-3]은 6월 24일 닛케이지수 5분봉차트입니다. 11시경 탈퇴파가 역전한 후 순식간에 가격이 1,000엔 이상 하락한 것을 알 수 있습니다.

모두가 주목하는 상황에서 EU 탈퇴 가능성이 현실화되자, 많은 시장 참여자들이 미리 예상했던 대로 주가 하락을 우려해 가격에 관계없이 서둘러 매도 주문을 낸 것입니다. 시장의 관심이 집중될수록 가격과 상관없이 거래하려는 움직임이 커지면서 큰 폭의 변동이 발생하게 됩니다.

[자료 2-3] 2016년 6월 24일 닛케이지수 5분봉차트

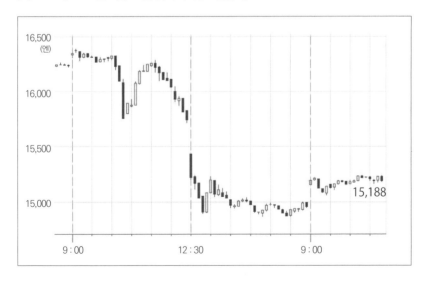

[자료 2-4]는 미국 대통령 선거 투표일인 2016년 11월 9일의 5분봉차트입니다.

10월 28일 대통령 선거가 막바지에 접어들 무렵, FBI는 힐러리 클린턴(Hillary Rodham Clinton) 후보의 이메일 스캔들을 재수사하겠다고 발표했습니다.

이 이메일 스캔들은 일본에서 그다지 중요하게 다뤄지지 않았으나 정보를 쉽게 은닉할 수 있는 개인 이메일을 사용해 정부의 중요한 기밀정보를 주고받은 사실이 본국에서는 크게 문제시되었습니다. 형사 사건으로 발전할 가능성도 있는 문제였지만, 일본에서는 이 사건이 대통령 선거에 큰 영향을 미치지 않을 것이라는 보도가 많았습니다.

그러나 미국에서는 클린턴에게 유리하게 흘러가던 분위기가 이 사건 이후 도널드 트럼프(Donald Trump)에게 유리하게 돌아섰다는 평가도 있습니다.

[자료 2-4] 2016년 11월 9일 닛케이지수 5분봉차트

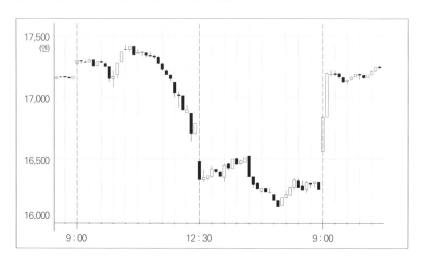

캔들을 알고 차트를 읽으면 주식 시장이 보인다

11월에 들어서도 일본에서는 여전히 어느 방송에서나 클린턴 후보가 유리하며, 트럼프 후보가 대통령이 되면 주식 시장이 폭락하고 경제가 침체될 것이라는 논조가 지배적이었습니다.

그렇다면 당일 시장은 어떤 움직임을 보였을까요?

11월 9일 실제 시장은 개장 직후 잠시 하락했다가 반등을 시작해 10시경까지 최고가를 경신하는 상승국면을 보였습니다.

선거 상황을 살펴보면 다음과 같습니다.

9시 45분경, NHK 홈페이지의 최신 상황에서는 트럼프 후보가 획득한 선거인단 수는 24명, 힐러리 후보는 3명으로 29명의 선거인단이 걸려 있는 플로리다에서 트럼프 50%, 힐러리 47%를 기록하고 있습니다. 트럼프 후보가 우세합니다.

10시 2분경, 힐러리 후보가 역전해 앞서 나가기 시작합니다. 이 흐름은 10시를 지나며 완전히 뒤바뀌었습니다.

접전 지역에서 트럼프 후보의 승리가 확정되고 선거인단 29명이 걸린 플로리다에서도 트럼프 후보가 재역전하는 상황이 펼쳐지자, 10시를 넘어서면서 하락하기 시작한 주가는 하락세에 더욱 박차를 가해 오후 개장 시에는 이미 16,500엔 아래로 단숨에 하락하는 움직임을 보였습니다.

[자료 2-4]의 차트를 보면 불과 약 2시간 만에 1,000엔 이상 하락했음을 알 수 있습니다.

변동폭의 크기가 그 방향으로의 강도를 나타내는 것은 아니다

SECTION
2-6

2016년 6월 24일과 11월 9일은 극단적으로 큰 음봉을 만들며 하락추세를 보였지만, 이후 추이를 보면 그것이 가격 하락 신호로 이어지지는 않았습니다([자료 2-2] 참조).

오히려 다음 영업일에는 반전상승을 시작했으며, 장대음봉을 기록한 날의 저가가 지지선 역할을 하며 오히려 다시 상승하는 계기가 되었습니다. 모두가 주목하고 허둥지둥 매도에 나섰다고 해서 그 후 반드시 하락세가 이어지는 것은 아닙니다.

여기서 알 수 있는 것은 급격한 변화가 있을 때 변동폭이 크다고 해서 반드시 좋은 것은 아니라는 점입니다.

1993년부터 2016년까지 월별 가격 변동폭을 살펴보면(1993년부터 시작한 이유는 버블 붕괴 이후 급락 상황을 제외하고 '평균적인 움직임'을 검증하고 싶었기 때문입니다), 변동폭이 가장 큰 달은 4월이고 변동폭은 1,494엔, 가장 작은 달은 2월이고 변동폭은 1,174엔으로 그리 큰 차이는 없습니다. 대체로 한 달에 1,000엔~1,500엔 정도 범위에서 움직이고 있음을 알 수 있습니다.

6월 24일은 고가에서 저가까지 1,525엔, 11월 9일은 1,316엔의 변동폭을 기록했습니다.

한 달 동안 하락할 폭을 단 하루 만에 모두 하락한 것입니다

주식 시장의 수급 측면에서 보면 많은 시장 참여자들이 일제히 매도에 나서면서, 추가 하락을 일으킬 적극적인 매도 물량이 소진되어 더 이상의 급격한 하락은 어려워졌을 것으로 추측됩니다. 또한, 이익을 추구하는 측면에서 보면 한 달 뒤에 도달할 가격을 단 하루 만에 도달해 충분한 이익을 얻었기 때문에 서두를 필요가 없어졌고, 많은 시장 참여자들이 동조하기 어려운 상태가 되었습니다. 따라서 이후 가격이 추가로 하락할지, 아니면 눌림목을 형성하며 반등할지 재확인하는 기간이 필요해진 것입니다. 이러한 상황에서는 가격이 지그재그로 상승과 하락을 반복하며 다시 방향성을 모색하는 작업에 들어가게 됩니다.

이처럼 시장이 '상승과 하락을 반복하며 움직이는 현상'은 중요한 개념이므로 좀 더 자세히 짚고 넘어가겠습니다.

핵심 포인트는 '추세가 형성될 때, 대부분의 시장 참여자들은 어느 정도 목표로 삼는 지점이 있다'라는 것입니다.

왜냐하면 시장 참여자들 사이에서 어떤 공통인식이 우세하지 않으

면 가격이 그 방향으로 계속 나아갈 수 없기 때문입니다.

추세가 형성된다는 것은 압도적인 다수가 같은 방향을 목표로 하고 있다는 뜻입니다.

하루 동안의 움직임이라도 오늘은 하락하지 않을 것이다, 오늘은 상승하지 않을 것이다, 라는 확신에 가까운 무언가가 없다면 시장 참여자들은 종일 그 방향으로 계속 나아가지 못하고 상승과 하락을 반복하며 움직이게 됩니다.

그리고 보통 하루 동안의 주가 변동은 시장 참여자들의 공통인식 속에서 이루어지지만, 그 이상을 목표로 하려면 투자자들이 가격과 상관없이 서둘러 매매에 나서거나 아직 주가가 그 이상으로 움직일 수 있다고 믿는 압도적 다수의 공통인식이 필요합니다.

따라서 하루 만에 보통 한 달 이상 걸리는 목표 가격에 도달하면 많은 시장 참여자들은 다음 목표를 잃어버립니다. 새로운 목표를 위아래 어느 쪽으로 설정할지 확인하는 작업이 필요하게 됩니다.

결과적으로 장대양봉, 장대음봉은 특정 방향으로의 강한 쏠림을 의미하지만, 특히 극단적으로 큰 장대양봉이나 장대음봉이 나타난 후에는 해당 양봉 또는 음봉의 변동폭 안에서 일정 기간 동안 방향성을 확인하는 과정을 거치는 경우가 많습니다.

주가가 반전해 새로운 방향으로 나아갈 때는 강한 기세와 큰 폭의 변동이 동반되는 경우가 많습니다.

이는 시장 참여자들이 공통인식을 가졌다는 증거이며, 실제로 그렇지 않으면 그러한 움직임이 나타나지 않습니다.

하루 동안의 움직임으로 그러한 사실을 알 수 있는 변동폭의 기준은 어느 정도일까요? 그것은 바로 평소의 변동폭보다 큰 폭의 움직임입니다.

그 변동폭이 어느 정도인지, 닛케이지수의 과거 가격 변동 데이터를 통해 검증해봅시다.

1993년부터 2016년까지의 기간 동안, 일봉이 양봉으로 마감한 날 시가부터 종가까지의 가격 변동폭(양봉의 몸통 변동폭)을 조사한 결과 평균값은 119.96엔이었습니다. 같은 기간 동안 일봉이 음봉으로 마감한 날 가격 변동폭(음봉의 몸통 변동폭)의 평균값은 124.76엔입니다. 이를 2016년 한 해 동안만 살펴보면 양봉으로 마감한 날의 몸통 평균 변동폭은 133엔, 음봉으로 마감한 날은 153엔으로 큰 변화는 없습니다.

대체로 하루에 100엔에서 150엔 정도의 변동폭을 지닌 양봉이 음봉이 빈번하게 나타나고 있습니다.

그렇다면 몸통이 100엔 폭으로 움직였다고 해서 시장 참여자들이 당황해 가격과 관계없이 매매에 나섰다는 신호로 보기는 어렵다고 할 수 있습니다.

100엔 폭은 특별한 움직임이 아니고 1,000엔은 너무 크다면 그 사이 어느 정도의 변동폭에 주목해야 할까요?

그 답은 수치를 기준으로 삼기보다는 흐름을 파악해 판단하는 편이 이해하기 쉬울 것입니다. 의미 있는 캔들이란 그 전후('후'는 나중에 되어야 알 수 있으므로 실제 거래에서 참고할 수 있는 것은 그 전입니다)의 흐름과 비교했을 때 '확연하게 큰 움직임'을 보이기 때문에 차트의 흐름을 보면 알 수 있습니다.

다음 [자료 2-5]는 2016년 8월부터 11월까지 닛케이지수 일봉차트입니다.

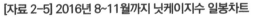

[자료 2-5] 2016년 8~11월까지 닛케이지수 일봉차트

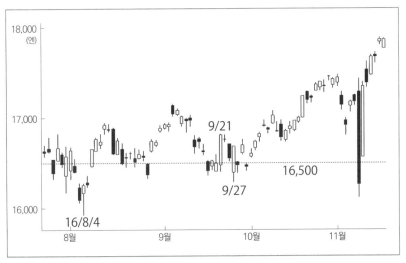

11월 9일과 그다음 날을 제외하면 게재 기간 중 8월 4일의 아랫꼬리가 긴 양봉과 9월 21일, 9월 27일의 양봉은 다른 양봉에 비해 확연하게 큰 움직임을 보입니다.

8월 4일은 양봉이므로 시가 16,168엔에서 저가 15,921엔까지의 변동폭이 아랫꼬리의 길이가 됩니다. 이날의 아랫꼬리는 247엔 폭이나 됩니다.

아랫꼬리가 긴 양봉이 나타난 날은 결국 시가와 종가를 비교하면 가격이 크게 움직이지 않았다는 것을 의미합니다. 가격이 움직이지 않았는데 어째서 반전 신호가 되는지 의아하게 생각하는 사람도 있을지 모릅니다.

하지만 중요한 것은 가격이 반전하는 움직임이란 '속도와 변동폭에 반대 방향으로 강한 힘이 나타나는 것'이라는 점입니다.

아랫꼬리가 긴 양봉이 나타난 날 하루 동안의 주가 움직임을 따라가보면 하루 중 비교적 큰 폭의 하락이 있고 그 하락분을 모두 회복하는 움직임이 있었다는 사실을 알 수 있습니다.

앞서 하루 동안의 가격 변동 평균값은 대략 150엔 전후라고 말씀드렸습니다. 만약 오전 중에 100엔 이상 주가가 하락한다면 그 시점에서 하루 변동폭의 대부분을 소진한 셈입니다. 이 상태가 지속되면 그날은 약세라고 판단할 수 있지만, 만약 하락분을 오후에 모두 회복하는 움직임이 나타난다면 이틀 치 변동폭을 하루 만에 경험한 것이나 다름없습니다.

가격 변동 속도가 평소의 두 배가 되어 평소 이상의 변화가 하루 안에 나타나는 것입니다.

즉 '아랫꼬리'는 반대 방향으로 전환하는 속도가 빠르고 해당 저가에 시장 참여자들의 관심이 집중되어 저가가 짧은 시간밖에 유지되지 못했음을 의미합니다. 또한, 아랫꼬리의 끝부분은 그날 저가에서 하방 지지선 역할을 했다는 신호로 해석할 수 있습니다.

[자료 2-6]은 8월 4일 닛케이지수 5분봉차트입니다.

5분봉차트의 캔들패턴은 큰 의미가 없으므로 주가 위치와 움직임만 살펴보면 됩니다.

이날은 장 시작 직후 가격이 급락해 247엔까지 하락했으며 이는 하루 평균 가격 변동폭을 훌쩍 뛰어넘는 수치입니다.

[자료 2-6] 2016년 8월 4일 닛케이지수 5분봉차트

오후 장 시작과 함께 이 하락폭을 크게 뛰어넘으며 가격을 회복하는 움직임을 보였습니다. 오후 장은 그대로 강세를 유지하며 진행되어, 결국 장 시작 직후의 고점을 넘어서는 상승세를 보이고 양봉으

로 마감했습니다.

하락한 후 16,000엔 아래에 머문 것은 단 1시간에 불과할 만큼 16,000엔 부근에서 강한 지지선이 형성된 것으로 보입니다

기존 주식 책이라면 '아랫꼬리가 긴 양봉이 나타났기 때문에 반등 했다'라는 설명으로 끝났겠지만, 가격 변동폭과 속도에 주목하면 그 움직임의 의미를 더욱 깊이 파악할 수 있습니다.

다시 [자료 2-5]를 보면 9월 27일에 나타난 캔들은 일반적인 캔들 패턴에서 말하는 '관통형' 형태로 반전 신호를 나타냅니다. 그리고 신호에 따라 9월 27일 이후 상승 흐름을 만들고 있습니다.

기존 주식 책이라면 '9월 27일에 관통형이 나타났기 때문에 반등 을 시작했다'라고 설명했을 것입니다.

상승폭과 속도에 주목하자면, 9월 27일 저가 16,285엔 부근에서 적극적으로 매수하고자 하는 시장 참여자들이 많았기 때문에 이후 가격이 상승했다고 볼 수 있습니다.

앞서 말씀드린 것처럼 특정 방향으로 큰 가격 변동이 발생하려면 '그 방향으로 나아갈 것이다'라는 시장 참여자들의 공통인식이 필 요합니다.

실제로 저점 매수에 적극적으로 나서서(적극성을 보였다는 사실이 중요합니다) '이 가격대에서 매수할 것이다'라고 다른 시장 참여자들 에게 어필한 사람들이 주가가 16,285엔일 때 가장 많았기 때문에 이 후 가격이 상승한 것입니다.

다음 날은 27일 시가 부근까지 하락했지만 27일 저가 16,285엔까지는 하락하지 않고 저점 지지를 받아 곧바로 가격을 회복했습니다.

캔들패턴의 형태에 얽매이지 않고 1~2주 정도 캔들의 움직임 속에서 어느 가격대에 시장 참여자들의 관심도가 높았는지 살펴보면 시장 참여자들이 의식하는 가격대를 명확하게 파악할 수 있습니다.

예를 들어 9월 27일의 반등은 21일과 함께 보면 더욱 명확한 신호가 됩니다.

9월 21일은 시가 16,471엔, 종가 16,807엔으로 캔들 몸통이 336엔이나 움직였습니다.

9월 27일은 시가 16,390엔, 종가 16,683엔으로 캔들 몸통이 293엔이나 움직였습니다.

둘 다 하루 평균 변동폭의 두 배에 달하는 움직임입니다. 속도는 8월 4일 아랫꼬리를 형성한 상승 속도와 비슷합니다.

둘 다 16,500엔 이하로 하락한 후 급격히 매수세가 유입되었는데, 이는 9월 중순 이후 많은 시장 참여자들이 16,500엔 이하를 강하게 의식하고 이 가격대에서 적극적으로 매수에 나섰음을 의미합니다.

그렇다면 어째서 21일 이후 가격이 상승하지 못한 것일까요? 당시에는 7월부터 지속된 17,000엔 전후에서 상승이 제한되는 움직임을 극복하지 못한 상황이었고, 17,000엔 이상의 고가에 대한 시장 참여자들의 공통인식이 형성되지 않았기 때문에 상승세가 이어지지 못한 것입니다.

이때는 미국 대통령 선거를 앞두고 있어서 적극적으로 리스크를 감수하기 어려운 상황이었습니다. 10월에 접어들어 클린턴 후보가 우세하다는 언론의 보도가 이어지면서, 많은 애널리스트들이 대불황을 초래할 것이라고 말했던 트럼프 후보의 리스크가 감소했습니다. 그로 인해 점차 상승 저항이 약해지고 주가가 더욱 상승할 여력이 있다는 공통인식이 형성되면서 이전의 고점을 넘어서는 상승세가 나타났습니다. 하지만 9월에 시장 참여자들이 16,500엔 이하에서 보여준 적극적인 매수세가 없었다면 10월의 상승은 불가능했을 것입니다.

11월 9일에는 장대음봉을 만들며 주가가 큰 폭으로 하락해 16,500엔 선이 무너졌지만, 그 이후 더 이상 하락하지 않고 반등했습니다. 이러한 움직임은 8월부터 9월까지 저점에서 견고한 지지선을 형성했던 흐름을 살펴봤다면 충분히 예상할 수 있었을 것입니다.

16,500엔 이하에서는 매수세가 강하기 때문에, 16,500엔 이하로 적극적으로 가격을 떨어뜨리려면 11월 9일처럼 단번에 급락하는 방식보다는 당분간 이 가격대 부근에서 시험 삼아 등락을 반복해 16,500엔 이하로 하락할 여지가 있는지 확인해야 합니다. 특히 하루에 1,000엔 이상 급락한 날, 이 가격대에 도달했기 때문에 더욱 신중한 접근이 필요합니다.

이상을 정리해보면, 다음과 같습니다.

- 전환패턴을 판단하려면 '변화'를 찾아야 한다.
- '변화'의 궁극적인 형태는 하루 동안의 큰 가격 변동이며 이는 하나의 캔들 형태로 나타난다.
- 캔들 몸통의 크기는 시장 참여자들의 관심도를 나타낸다.
- 최근의 가격 움직임과 비교해 확연하게 큰 변동이 발생한 경우, 시장 참여자들이 해당 가격대를 주목하고 있다고 추측할 수 있다.
- 특정 가격대에 나타나는 큰 움직임은 전환패턴이 되기 쉽다.
- 다만 극단적인 가격 변동이 발생하면 단기적으로 추가 상승 또는 하락이 제한될 수 있으므로, 전환패턴으로 단정하지 말고 일단 해당 가격 범위 내에서 움직이며 상승 또는 하락 여부를 지켜본다.

이러한 움직임을 보이는 캔들 형태를 이 책에서는 전환패턴이라고 정의합니다.

제3장

'지속패턴'
읽는 법과 활용법

추세가 지속되는 패턴이란?

제2장에서 설명한 추세 전환인지, 아니면 추세 지속(제1장의 사카타오법에서 설명한 짧은 휴식 등)인지는 캔들차트에 나타나는 움직임만 보면 매우 비슷합니다(둘 다 추세가 둔화되는 움직임입니다).

그러나 실제 거래를 할 때는 이 둘을 잘 구별할 수 있는지 여부에 따라 결과는 정반대가 되기 때문에 이를 판단하는 것은 매우 중요합니다.

제3장에서는 잠시 추세가 멈춘 것처럼 보이지만 실제로는 지속되는 상황에서 나타나는 캔들패턴과 그 패턴이 나타나는 근본적인 이유를 설명하겠습니다.

추세가 지속된다는 것은 많은 시장 참여자들이 공통인식을 가지고 움직이고 있다는 뜻입니다. 하지만 그 시장 참여자들은 대부분 서로 모르는 사이이며 서로 연락을 주고받는 것도 아닙니다.

이러한 사람들이 같은 방향으로 나아가려면 모두가 안심하고 같은 방향으로 향할 수 있는 움직임을 객관적으로 확인할 수 있어야 합니다. 그래야만 안심하고 투자를 이어나갈 수 있습니다.

그렇다면 그러한 주가 움직임이란 어떤 것일까요? 그것은 다음과 같습니다.

- **다른 사람에게 두려움을 주지 않을 것**
- **짧은 기간에 효율적으로 이익을 얻을 수 있을 것**

소중한 돈을 투자하는 만큼 배신자가 있으면 그 미션을 수행할 수 없습니다. 조금이라도 반대 의견이 나오고 방향을 잃는 상황이 발생하면 즉시 철수하고 싶어지는 것은 당연한 일입니다.

누구나 공통인식 속에서 투자하고 있다는 편안한 상태에 머물고 싶기 마련입니다.

또한, 짧은 기간에 효율적으로 이익을 얻을 수 있다면 투자 자금을 리스크에 노출시키는 시간도 줄일 수 있기 때문에 그 시장에 투자하는 의미가 있지만, 이익을 얻을 수 없는 상황이 오래 지속되면 그곳에 돈을 넣어두는 것 자체가 리스크라고 판단하게 됩니다.

이제부터 이 두 가지 조건을 좀 더 자세히 설명해드리겠습니다.

다른 사람을 두렵게 만드는 움직임이란 어떤 것인가?

      지속적인 움직임의 객관적인 특징이란 다른 사람에게 두려움을 주지 않는 것이라고 앞서 언급했습니다만, 그렇다면 다른 시장 참여자들을 두렵게 만드는 움직임이란 어떤 것일까요?

상승장의 경우를 생각해봅시다.

포인트는 두 가지입니다.

첫 번째는 제2장에서 설명했던 내용과 반대되는 경우로, 하락 방향으로 향하는 변동폭이 큰 움직임입니다.

하락 방향으로 향하는 변동폭이 큰 움직임은 '많은 시장 참여자들이 특정 가격대를 의식해 허둥지둥 매도에 나서는' 행동을 함으로써 나타납니다. 그 움직임은 '지금까지의 흐름이 끝날 것 같다'라고 생각하게 만들어 추세가 끝날지도 모른다고 두려워하는 시장 참여자들이 늘어나는 결과를 만듭니다.

두 번째는 제2장에서 설명한 하루 동안의 움직임(캔들 1개)이 아닌, 며칠에 걸쳐 종가 기준으로 상승과 하락을 반복하며 저점을 낮추는 움직임입니다.

[자료 3-1]의 1월 5일부터 1월 18일까지를 살펴보면 반등하더라도 직전 고점을 돌파하지 못하고 다시 하락해 직전 저점을 깨는 움직임을 보입니다.

[자료 3-1] 2017년 1월 닛케이지수 일봉차트

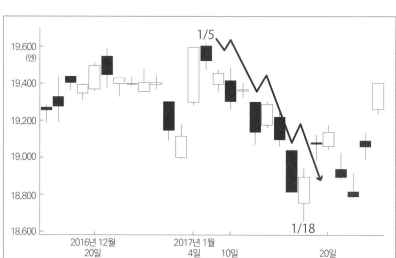

며칠에 걸쳐 고점과 저점을 낮추는 움직임은 '가격대를 의식해 많은 시장 참여자들이 허둥지둥 매도함으로써 나타나는 형태가 아니라, 단순히 약세를 보이는 형태입니다(SECTION 1-1에서 언급했듯이 상승의 힘이 약해지기만 해도 시세는 하락합니다). 첫 번째 반락 시 형

성된 지지선에서 지지를 받지 못하고 다시 저점을 낮추게 됩니다.

이는 2영업일 연속으로 하락하는 움직임과는 다릅니다. 일단 반등해 상승하는 움직임을 보였으나 상승세가 지속되지 못하고, 다시 반락해 이전에 지지를 받았던 지점보다 더욱 하락했습니다.

만약 탐욕스럽게 이익을 얻고 싶어 하는 사람들이 모여 가격을 형성하는 상황이라면 이전에 저점을 지지했던 지점에서 '아차! 사려고 했는데 못 샀다'라고 생각하는 사람이 많을 것입니다.

따라서 이전의 저점 근처까지 가격이 하락하면 '좋았어!'라고 생각하며 적극적인 매수세가 유입되는 것이 일반적입니다.

이는 단순한 공상이 아닙니다. 짧은 기간에 효율적으로 이익을 늘리고 싶어 하는 사람들이 공통인식을 가지고 적극적으로 행동한 결과 당연히 나타나는 현상입니다.

그럼에도 불구하고 이전 저점 부근에서 지지가 되지 않는다는 것은 추세의 지속성에 의문을 품는 사람이 늘어났거나, 또는 추세가 시작된 초기 단계라면 애초에 탐욕스럽게 이익을 추구하는 사람들이 아직 몰려들지 않은 상황이라고 추측할 수 있습니다.

이익이 발생하지 않는 것을
허용할 수 있는 기간의 기준은?

'짧은 기간에 효율적으로 이익을 얻을 수 있는'에서 '짧은 기간'이란 어느 정도인지, '효율적인' 거래란 어떤 거래인지 닛케이지수의 주가 움직임을 참고해 생각해봅시다.

여러분이 짧은 기간에 효율적으로 이익을 얻기 위해서 닛케이선물을 매수한다고 가정해봅시다.

여기서 생각해봐야 할 점은 '짧은 기간에 거래를 함으로써' 무엇을 얻을 수 있느냐는 것입니다.

시세차익으로 이익을 얻으려는 투자자는 1엔도 손해를 보고 싶지 않을 것입니다. 따라서 그날 충분한 이익을 얻지 못하면 거래가 중단되는 동안 포지션을 유지하는 것이 부담스러울 수밖에 없습니다. 1엔도 손해 보고 싶지 않은 입장이라면 거래가 중단되는 시간대의 위험성을 충분히 이해할 수 있을 것입니다. 제2장까지 살펴봤다면 아시겠지만 차트에는 많은 갭이 존재합니다. 닛케이선물의 주간 거래가 끝나는 오후 3시 10분부터 야간 거래가 시작되는 오후 4시 30분까지, 거래가 중단된 시간은 불과 1시간 15분뿐인데도 주간의 종가와 야간의 시가가 일치하는 경우는 거의 없습니다.

대부분의 사람들에게 투자 손실이란 기껏해야 용돈을 10만 엔쯤 잃는 것과 비슷한 이미지입니다. 돈을 잃는다는 것이 실제로 절박하게 느껴지지 않기 때문에 이런 마음을 이해하지 못할 수도 있습니다. 극단적인 예시지만 '반드시 돈을 벌 수 있다는 말을 듣고 한 달 동안 회사 돈을 횡령해서 그 돈으로 투자했다'라고 가정해봅시다.

남의 돈을 모아서 투자하는 것은 그만큼 절박한 상황입니다. 한 달 후에 돈을 돌려놓지 않으면 횡령 사실이 발각된다고 생각해보세요.

그런 상황에서 손실이 발생한 포지션을 내버려둘 수는 없습니다. 하물며 손실이 발생한 상황에서 거래할 수 없는 동안 가만히 기다릴 수는 없습니다.

짧은 기간에 효율적으로 이익을 얻고자 하는 사람들은 손실이 발생하면 즉시, 또는 손실이 발생하기 전에 반드시 포지션을 정리할 수 있어야 한다는 것을 전제로 거래에 참여합니다.

이는 반드시 당일에 매매를 종료해야 하는(데이 트레이딩) 것을 의미하지는 않습니다.

그날 충분한 이익이 발생했고, 다음 날도 그 흐름이 이어질 것 같으면, 주가가 하락하더라도 이미 확보한 이익 덕분에 손실을 감수할 여유가 생겨서 다음 날에도 거래를 계속할 수 있습니다.

이렇게 설명하면 '짧은 기간'이라는 것이 무슨 뜻인지 이해가 될 것입니다.

또 다른 과제는 '효율적으로'입니다.

효율적이란 계획대로 일이 진행되는 것을 의미합니다.

횡령한 돈을 한 달 후에 그대로 돌려놓아야 하는 상황에서 어떻게든 돈을 벌고 싶은 마음으로 거래를 하고 있습니다. 쓸데없는 짓을 하고 있을 때가 아닙니다. 시시각각 기일이 다가오고 있습니다.

앞서 말씀드렸듯이 이러한 상황에서 손실이 나지는 않더라도 더 이상 이익이 발생하지 않는다면 그 주식을 언제까지 내버려둘 수 있을까요?

가격이 상승할 거라고 예상해 그 종목을 매수했더라도, 조금이라도 계획대로 되지 않는 상황이 발생하거나 예상했던 미래에 불안요소가 생기면 일단 그 종목에서 철수할 것입니다.

반면, 반전될 것 같은 불안도 없고, 짧은 기간에 고점을 갱신하며 이익의 폭이 커지는 동안에는 그 종목에 계속 주목하겠지요. 이것이 '효율적인' 상태입니다.

이러한 조건을 충족하는 '시장 참여자들이 짧은 기간 동안 불안감 없이 움직이는 상태'란 구체적으로 며칠이라고 정해진 것은 아닙니다. 어디까지나 주관적인 판단에 따라 달라집니다.

하지만 이러한 상황을 고려해 추세가 지속될 때 나타나는 조정 기간을 과거 캔들차트에서 확인해보면, 상승 흐름의 경우 대체로 일주일 이내에 고점을 갱신하는 움직임을 보입니다.

다음 [자료 3-2]와 [자료 3-3]에서 2012년 연말부터 2013년 5월까지 지속된 긴 상승국면을 살펴봅시다.

[자료 3-2] 2012년 12월부터 2013년 1월까지 닛케이지수 일봉차트

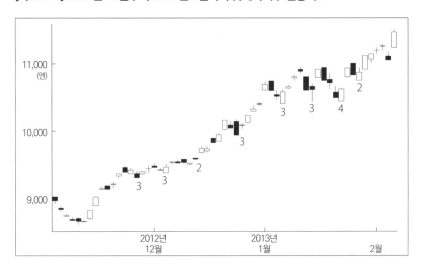

[자료 3-3] 2013년 1월부터 5월까지 닛케이지수 일봉차트

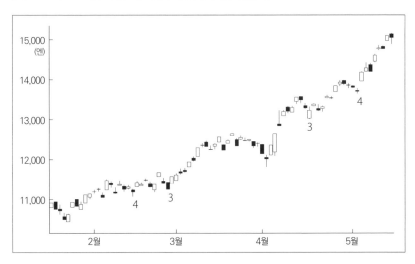

많은 설명을 할 필요도 없습니다. 상승 도중 가격이 반전하는 경우, 반전 기간은 대체로 1~3영업일이며 길어도 4영업일 안에 끝납니다(자료 속 숫자 참조).

1~4영업일 동안 눌림목을 형성한 후 곧바로 상승해 고점을 갱신하는 것이 보일 것입니다. 특히 3, 4영업일 동안 조정을 거친 후에는 갭을 만들며 상승폭이 커지는 것을 알 수 있습니다.

많은 시장 참여자들이 주목하며 적극적으로 이익을 얻기 위해 탐욕스럽게 행동하는 경우, 이러한 움직임이 나타날 수밖에 없습니다.

추세가 지속될 경우
고려해야 할 우선순위

앞서 설명했던 것을 바탕으로 '추세가 지속되는 가운데 나타나는 짧은 휴식'이란 무엇인지 생각해봅시다.

일반적인 차트 해설서에서는 음봉, 양봉의 크기, 꼬리 길이 등을 조합해 다양한 캔들패턴을 소개합니다.

그러나 투자는 시험공부가 아니기 때문에 그걸 모두 암기하면 되는 것이 아닙니다. 그 본질을 이해하지 못하면 실제로 돈을 투자하는 상황에서 제대로 활용할 수가 없습니다.

캔들패턴의 의미를 파악하기 위한 근본적인 포인트가 있습니다.

바로 ① 가격위치, ② 기간, ③ 가격 움직임의 방식, 이 세 가지입니다.

이미 인기가 있는 상황에서 일시적으로 흐름이 멈춘 것처럼 보일 때, 그 흐름이 끝났는지 아니면 아직 계속될지 판단해야 할 경우 가장 고려해야 할 포인트는 기간입니다. 가격위치, 가격 움직임의 방식은 기간 다음으로 판단합니다(참고로 제2장에서 설명했듯이 아직 인기를 얻지 못한 종목이 인기를 얻을 가능성이 있다고 판단하는 경우에는 가격대가 중요합니다).

앞서 설명했듯이, 인기가 높아지고 시세 차익을 노리는 시장 참여자들이 적극적으로 움직이는 상황에서는 많은 시장 참여자들이 같은 의지를 공유하고 있다는 생각으로 행동하기 때문에 필연적으로 거래 기간이 짧아집니다.

서로 연락을 주고받는 것도 아닌 이상, 많은 시장 참여자들이 언제까지나 같은 생각으로 행동할 수는 없습니다. 어떤 변화를 계기로 당연히 배신자가 나오게 됩니다.

그런 상황에서 특히 배신자가 많아질 것으로 예상되는 움직임은 며칠 동안 이익이 늘지 않는 상황이 계속되는 것, 즉 시간이 경과하는 것입니다.

짧은 기간에 빠르게 이익을 얻고자 하는 공통인식 속에서 모인 집단이기 때문에 당연히 이익이 발생하지 않으면 뿔뿔이 흩어지게 됩니다.

이제부터 지속 여부를 판단할 때 가장 신경 써야 할 포인트는 순서대로 기간, 가격위치라는 전제하에, 그것이 캔들패턴으로 어떻게 나타나는지 설명해드리겠습니다.

추세가 지속되는 조정에는 '소폭조정'과 '일반조정' 두 가지가 있다

추세가 지속되는 경우 조정에는 두 가지 방법이 있습니다. 첫 번째는 사카타오법에서 말하는 삼법(상승삼법, 하락삼법)과 같은 움직임입니다. 이 책에서는 이 조정을 '소폭조정'이라고 표현합니다.

이는 시장이 상승세를 유지하고 있으며, 지금까지 상승추세일 때 적극적으로 매수하던 측의 매수 심리도 변하지 않은 상태에서, 마치 에어포켓에 빠진 것처럼 그날 또는 그 시간대에만 가격이 쑤욱 내려가는 움직임을 말합니다.

매수 피로로 인한 하락이라고 표현할 수도 있습니다. 앞서 비유한 바와 같이 횡령을 해서 한시라도 빨리 수익을 내고 싶은 사람이 여전히 그 종목을 계속 노릴 수 있는 조정을 가리킵니다.

[자료 3-2], [자료 3-3]에서 볼 수 있듯이 추세가 형성되는 도중

에 1~5영업일 정도 짧게 나타나며 고점과 저점을 낮추지 않는 조정
으로, 여전히 활화산이며 언제든 다시 분화할 수 있는 상태입니다.

또 다른 조정은 소폭조정보다 가격 변동폭이 크고 기간이 긴 조
정입니다.

상승 초기 단계에서는 최초의 상승폭 전체를 조정하는 형태로 나
타납니다. 상승 중기 단계에서는 이전 상승국면에서 나타났던 조정
폭과 비슷한 가격 변동폭을 지닌 조정으로 나타납니다.

일반적으로 중간 횡보구간으로 소개되는 삼각형, 박스형 횡보패
턴은 이 조정 시기에 나타납니다. 이 책에서는 이 조정을 '일반조정'
이라고 표현하겠습니다.

앞서 언급한 소폭조정은 적극적인 행동이 계속되는 상황에서 일
시적으로 가격이 하락하는 현상입니다. 따라서 조정 후에도 곧바로
시장 참여자들이 또다시 움직임을 보입니다. 일반적으로 이러한 조
정은 일주일 미만의 짧은 기간 동안 발생합니다.

반면 '일반조정'은 조정 중이지만 적극적으로 시장에 진입하려는
시장 참여자들이 여전히 그 종목에 주목하고 있는 상태입니다. 다
만 진입하기 위해서는 어떤 계기가 될 만한 재료나 움직임이 필요
한 상태입니다.

소폭조정은 사고 싶은 것이 있어서 그 가게에 들어간 손님, 일반조
정은 살까 말까 망설이다가 거의 사기로 마음먹은 상태에서 점원의

권유로 구매하는 손님이라고 비유할 수 있습니다.

앞서 말씀드린 것처럼 소폭조정은 기간이 중요합니다. 반면 일반 조정에서는 SECTION 3-9에서 설명하듯이 가격위치가 중요합니다. 그럼 먼저 소폭조정에 대해 설명해드리겠습니다.

강한 매수세에서 나타나는 '소폭조정'의 기본형

　　　　소폭조정은 적극적인 흐름이 형성된 상황, 즉 강한 매수세가 분명한 상황에서 나타납니다(상승추세의 경우).

　따라서 반전 움직임은 그동안의 이익을 대부분 유지한 채 마무리되고 곧 원래의 추세로 돌아가는 움직임을 보입니다.

　당일까지의 이익과 비교해 조금이라도 손실을 보고 싶지 않고, 짧은 기간에 최대한 많은 이익을 얻고 싶지만, 이미 얻은 이익도 안전하게 지키고 싶은 단기 투자자의 이기적인 생각이 반영된 움직임이기 때문입니다.

　예를 들어 하루 동안 빈번하게 매매를 반복하며 이익을 확정하면서 상승하는 경우, 매일 캔들에 윗꼬리와 아랫꼬리가 나타나며 상승하는 형태를 보입니다. 반면 윗꼬리가 없는 양봉이 연속으로 나타나며 이익을 확정할 틈도 없이 상승이 지속되는 움직임이 며칠 또는 일주일 정도 이어진다면, 어느 시점에서 일단 가격이 하락하는 국면을 맞이하게 됩니다.

이러한 일시적인 하락은 압도적으로 강한 매수 세력의 수익실현이 한꺼번에 발생함으로써 나타납니다. 매도 물량을 모두 소화할 수 없어 더 이상 상승추세를 유지하지 못하고 하락하는 것입니다. 이러한 움직임이 나타나면 많은 시장 참여자들이 위험을 감지해 매도물량도 증가하기 쉽습니다.

당연히 그동안의 상승폭이 클수록 그만큼 이익을 실현하려는 압력과 이를 이용하려는 매도 세력의 움직임이 증가해 조정폭도 커집니다.

그런 의미에서 일정한 방향으로의 흐름은 급격히 상승할수록 위험합니다. 여기서 언급한 조정패턴은 극단적인 상승을 막아주는 완충재 역할을 하는 작은 조정(연결고리)입니다. 대지진이 오는 시기를 늦추기 위한 작은 흔들림이라고도 할 수 있습니다.

이러한 조정패턴은 일반적으로 3영업일 정도 지속되는 경향이 있습니다.

다만 3영업일째에 반드시 조정이 끝나는 것은 아닙니다. 대략 1~5영업일, 일봉캔들 기준으로 최대 5개 정도의 기간 안에 가격이 반전하는 움직임이 나타납니다.

조정이 끝나는 가격의 기준은 반전 이전의 음봉 또는 양봉의 시가를 중심으로 형성됩니다. 기준이라고 표현한 것은 그 전후에서 멈춘

다는 의미입니다. 가격이 다소 변동하는 경우도 있지만, 그 경우에도 하루 정도의 변동으로 끝나고 곧 해당 가격 이상으로 되돌아갑니다.

조정 기간을 계산하는 방법은 상승세가 반전될 경우, 하락하기 시작한 고점을 찍은 시점이 시작점이 됩니다.

[자료 3-4]는 소폭조정의 전형적인 패턴을 보여줍니다.

상단의 두 개는 강한 상승국면에서 나타나는 소폭조정이며 하단은 강한 하락국면에서 나타나는 소폭조정입니다.

[자료 3-4]에서 볼 수 있듯이, 양봉 다음 날 음봉이 나타나고 고점을 갱신한 후 반전하는 경우, 음봉의 고점을 찍은 지점이 반전의 시작점이 됩니다.

상승 도중 양봉에 윗꼬리가 나타나고 다음 날 이후에 반전하는 경우, 다음 날 음봉이 고점을 갱신하더라도 윗꼬리가 달린 양봉의 날짜가 시작점이 됩니다.

하루 동안 가격이 반전한 움직임만으로도 그것이 다음 날 이후에 영향을 미칠 가능성이 있다면, 그 지점이 반전의 시작점이 됩니다.

자료 상단 왼쪽은 고점을 찍은 날부터 하락하고 있으므로, 조정의 시작점은 고점을 찍은 음봉이 됩니다. 저점의 기준은 반전 전 양봉이 나타난 날의 시가 부근입니다.

자료 상단 오른쪽은 고점을 찍기 전날 윗꼬리가 달려 상승이 제한된 것을 알 수 있습니다. 다음 날 고점을 갱신했지만 처음 상승이 제

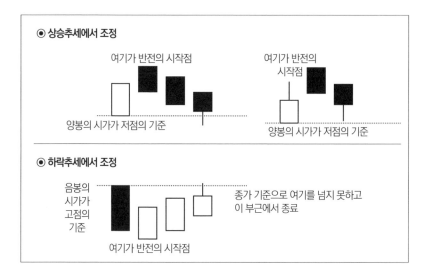

◉ 상승추세에서 조정

여기가 반전의 시작점

여기가 반전의 시작점

양봉의 시가가 저점의 기준

양봉의 시가가 저점의 기준

◉ 하락추세에서 조정

음봉의 시가가 고점의 기준

종가 기준으로 여기를 넘지 못하고 이 부근에서 종료

여기가 반전의 시작점

한된 날을 조정의 시작점으로 간주합니다. 저점의 기준은 윗꼬리가 나타난 날의 저가입니다.

시작점을 명확히 하고자 하는 이유는 시작점부터 계산해 3영업일, 길어도 5영업일 정도면 조정이 마무리되는 경향을 보이기 때문입니다.

기간과 가격위치에 기준이 있고, 기간이 더 중요하다는 관점을 갖고 있다면 조정이 끝날 날을 사전에 예측할 수 있습니다.

시장 참여자들은 공통된 인식을 바탕으로 시장의 흐름을 만들어가기 때문에 미리 예측하고 준비하는 것이 가능합니다.

예상대로라면 주가가 상승할 것이다, 상승하지 않으면 조정이 길어질 것이다(일반조정이거나 추세 종료)라는 판단이 가능한 것입니다.

이런 상황에서 "오를까? 안 오를까?"에만 주목하는 사람은 좀처럼 수익을 내기 어렵습니다.

수익을 내는 사람의 사고방식은 시세가 올라갈 때는 오르는 것을 전제로 거래를 시작하고, 오르지 않을 때는 손해 보지 않는 거래방식을 취합니다.

다음 [자료 3-5]도 소폭조정패턴입니다. 아랫꼬리가 긴 캔들이나 전일 대비 상승한 날이 나타났을 때를 보여줍니다.

추세가 형성된 경우, 약세 움직임이 나타나는 것에 대한 두려움이 항상 존재합니다. 따라서 상승 도중 아랫꼬리가 긴 캔들이 나타나면 아랫꼬리만큼 가격을 회복한 것이므로 이를 하향돌파하면 고점과 저점을 낮추는 모양새가 될 수도 있습니다.

추세가 형성된 상황에서는 그런 움직임을 피하고 싶어 하기 때문에 아랫꼬리가 긴 캔들이 나타나면 그 지점이 조정의 종점이 되거나, 아니면 아랫꼬리가 긴 캔들이 나타난 날의 저가를 유지하는 형태로 조정이 마무리됩니다.

[자료 3-5]의 왼쪽 상단처럼 전일 대비 상승한 양봉이 나타나는 경우, 양봉이 나타난 날의 저가가 조정의 종점이 됩니다. 그 저가를 하향돌파하면, 종가 기준으로 명확하게 이전 고점과 저점보다 낮은 가격을 기록하며 하락추세로 전환됩니다(일반조정인지 추세의 종료인지 생각할 필요가 있습니다).

[자료 3-5] 소폭조정의 종점 신호

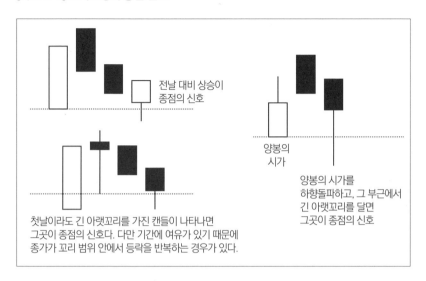

전날 대비 상승이 종점의 신호

양봉의 시가

양봉의 시가를 하향돌파하고, 그 부근에서 긴 아랫꼬리를 달면 그곳이 종점의 신호

첫날이라도 긴 아랫꼬리를 가진 캔들이 나타나면 그곳이 종점의 신호다. 다만 기간에 여유가 있기 때문에 종가가 꼬리 범위 안에서 등락을 반복하는 경우가 있다.

[자료 3-5]의 왼쪽 하단은 조정 첫날 아랫꼬리가 긴 캔들이 나타난 케이스입니다. 이 아랫꼬리의 저가를 유지하는 형태로 조정이 마무리되거나, 아랫꼬리의 저가를 하향돌파하는 경우 돌파한 날 안에 조정의 종점을 찍는다고 볼 수 있습니다.

앞서 말씀드렸듯이 강한 상승세가 지속되는 경우, 소폭조정의 종점을 파악하는 기준을 알고 있으면 하루 중 투자하기 적절한 시점을 쉽게 알 수 있습니다.

예를 들어 강한 상승세가 지속되는 도중에 가격이 반락하는 상황을 생각해보겠습니다.

첫날 하락은 그다지 큰 폭이 아니었고, 이틀 동안 반전 전 양봉의 시가 아래로 내려가지 않고 하락했다고 가정해봅시다.

3일째 오전에 주가가 하락해 반전 전 양봉의 시가를 하향돌파하고 그 하락국면에서 급격한 가격 움직임을 보였다면, 그 급격하게 하락하던 가격이 반전한 지점에서 매수하고 반전 전의 저가를 손절 기준으로 설정합니다.

상승추세가 지속 중이라면 그때 기록한 저점이 조정의 종점이 되어 오후에는 가격이 하락을 멈추고 견고한 움직임을 보일 것으로 예상됩니다.

가격이 반등을 시작하고 그날 반전 신호가 나타나면 유지하고, 그렇지 않으면 매도하면 됩니다(이러한 구체적인 매매 방법에 대해서는 제5장에서 자세히 설명해드리겠습니다).

[자료 3-6]은 2016년 11월부터 2017년 1월까지 달러/엔 환율 차트입니다.

11월의 강한 달러 강세국면을 거쳐 11월 25일에 일단 상승이 제한되었습니다.

조정에 들어간 2영업일째 달러 약세로의 변동폭이 커졌지만 조정기간이 아직 2영업일에 불과하므로 소폭조정의 허용범위입니다.

조정에 들어간 후 3영업일째에 반전해 양봉으로 마감했습니다.

소폭조정의 의미를 이해하고 있다면 이 반전으로 인해 11월 28일의 저점 부근이 시장 참여자들에게 중요한 지점으로 인식되고 있다는 사실을 알 수 있을 것입니다.

[자료 3-6] 2016년 11월~2017년 1월 달러/엔 환율 차트

 따라서 이 양봉을 기록한 다음 날 달러 약세로 28일의 저점을 하향돌파하는 움직임이 나타나면 조정이 길어질 가능성이 있습니다.

 반면 달러 강세가 지속될 것이라고 예상한다면 반전 후에도 달러 강세 흐름이 이어질 것으로 판단해 장대양봉이 나타난 날 초반에 매수할 수 있습니다. 달러 강세 추세가 지속된다고 가정하면 깨어져서는 안 되는 가격도 명확하기 때문에, 그 지점에서 손절하면 리스크가 적은 거래를 할 수 있습니다.

 12월 5일은 3영업일째로, 조정 전 장대양봉의 시가에 근접하는 움직임이 나타났습니다.

 이 반락도 소폭조정으로 본다면 12월 5일 저점을 찍은 시점에서 매수를 시도해볼 수 있습니다.

2016년 12월 15일 이후는 달러 약세가 지속되고 있을 뿐만 아니라 고점과 저점도 낮아지고 있습니다.

2017년 1월 3일까지 단숨에 가격을 회복했지만, 12월 15일 이후 이미 달러 강세의 추진력이 약해졌기 때문에(소폭조정이 아님), 이후 달러 강세 추세가 다시 나타나더라도 연말부터 연초에 걸쳐 나타난 달러 강세는 118엔 66전 부근에서 일단 상승이 제한될 것으로 예상됩니다.

그렇게 보면 1월 3일에 118엔 66전을 넘지 못하고 윗꼬리가 달린 약세를 이해할 수 있을 것입니다.

1월 9일은 2영업일째에 1월 5일의 시가를 넘어서는 움직임을 보이고 있습니다. 만약 이것이 달러 약세 추세 속의 소폭조정이라면 9일의 고점이 조정의 종점이 될 것으로 보고 매수를 시도할 수 있습니다.

한편 이후에 9일의 고점을 넘어서는 움직임이 나타나면 달러 약세 추세가 약화되고 있다고 볼 수 있으므로, 12월 15일 이후의 움직임은 달러 약세 추세가 아니라 달러 강세권에서의 횡보국면(SECTION 3-9 참조)으로 접어들 가능성이 높습니다.

'소폭조정'의 변형패턴 1

다음 [자료 3-7]은 장대양봉이 나타난 후에 발생하는 조정패턴입니다.

장대양봉, 장대음봉은 그날 하루의 가격 변동만으로 단기 목표치에 도달하는 형태입니다. 장대양봉, 장대음봉은 인기 상승의 신호지만 단숨에 예상했던 지점까지 상승(하락)함으로써 시장 참여자들의 의견을 다시 모아야 하는 움직임입니다. 따라서 장대양봉, 장대음봉 이후에는 가격이 일단 반전해 소폭조정이 나타나는 경우가 많습니다.

이 움직임의 배경을 생각해봅시다.

장대양봉을 기록한 날은 그날 하루가 압도적으로 매수측에 유리했기 때문에 종일 가격이 크게 상승한 것입니다. 단기 투자자들이

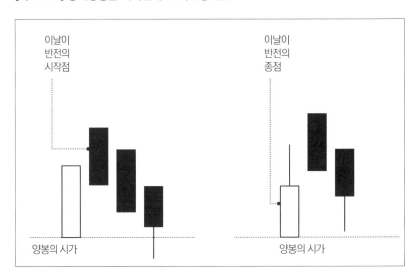

상승에 대한 불안감을 가졌다면 종일 상승세가 지속되지는 않았을 것입니다.

따라서 장대양봉 이후에는 조정국면에 들어가기 쉬운 경향이 있지만, 그 조정은 상승추세를 이어가는 동안의 짧은 휴식이 되는 경우가 많습니다.

조정국면에서 하락폭이 커지더라도 장대양봉을 만들어낸 세력이 건재하다면 주가는 장대양봉 이전 상태로 완전히 돌아가지는 않습니다.

장대양봉의 중심이 되는 위치(시가와 종가의 평균값) 아래에서는 저점이 지지되기 쉽고, 그 이하로 하락하더라도 장대양봉이 나타난 날의 시가를 유지하려는 움직임을 보입니다.

[자료 3-8] 윗꼬리가 긴 양봉을 기록한 후 소폭조정패턴

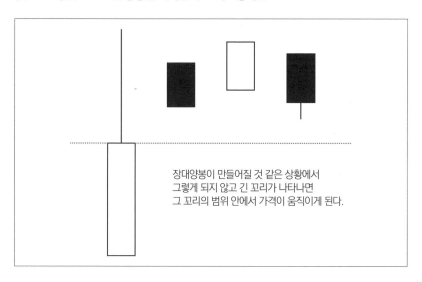

장대양봉이 만들어질 것 같은 상황에서
그렇게 되지 않고 긴 꼬리가 나타나면
그 꼬리의 범위 안에서 가격이 움직이게 된다.

[자료 3-8]은 상승 시 장대양봉을 만들 만큼 하루 동안의 상승폭이 컸지만, 종가를 형성하는 시간대까지 상승이 제한되어 긴 윗꼬리를 가진 양봉이 만들어진 케이스입니다.

이 윗꼬리는 장대양봉 다음 날 이후에 나타나야 할 조정이 당일에 나타났음을 의미합니다.

이러한 형태는 장 초반에 상승폭을 너무 확장한 결과 장 마감을 앞두고 매도 물량이 늘어나는 경우에 나타나기 쉽습니다. 장 마감까지 짧은 시간동안 가격이 급격히 하락하기 때문에 매도할 시간이 부족해 당황하기 쉽고, 그로 인해 가격이 과도하게 하락하는 경향이 있습니다.

즉, 이러한 가격 움직임이 나타나는 경우에는 장대양봉 다음 날 나타날 예정이었던 소폭조정의 종점 이상으로 그날의 종가가 하락했을 가능성이 있습니다.

이후 이 하락이 소폭조정에 불과하다면 윗꼬리 범위 안에서 3영업일 정도 횡보를 거쳐 다시 상승을 시작합니다.

다시 말해 이러한 가격 움직임이 있었음에도 다음 날 가격이 전일 대비 마이너스가 된다면 그 하락은 상승 지속 도중에 나타나는 움직임이 아닐 가능성이 있습니다.

[자료 3-9]는 갭이 발생했을 때의 조정패턴(상승삼법)을 보여줍니다.

갭이 발생한 다음 날 반전하는 경우, 갭이 발생한 날을 시작점으로 조정에 들어갔다고 봅니다.

[자료 3-9]의 왼쪽과 같이 소폭의 갭이 발생한 다음 날 가격이 반전한다면 조정의 종점은 종가 기준으로 갭 하한이 됩니다. 장중에 갭 하한을 깨는 움직임이 나타나더라도 장 마감 전에 가격을 회복해 종가는 갭 하한 부근에 위치하게 위치하는 전개를 보입니다.

소폭의 갭 이후 반전하는 경우, 거래할 수 없는 가격대를 시험하는 듯한 움직임으로 반전하기 때문에 갭을 메우면 반전 움직임은 종료됩니다.

따라서 상승 도중 소폭의 갭이 발생한 경우, 다음 날 반락한 날이 종점이 되는 경우가 많습니다.

[자료 3-9] 갭이 발생한 후 소폭조정패턴

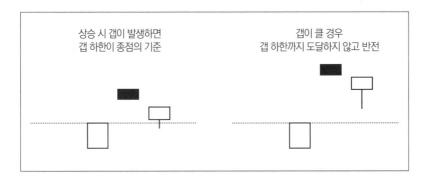

상승 시 갭이 발생하면
갭 하한이 종점의 기준

갭이 클 경우
갭 하한까지 도달하지 않고 반전

[자료 3-9]의 오른쪽은 큰 갭이 발생했을 때의 조정패턴입니다.

상승 도중 큰 폭의 갭이 발생한 경우, 갭을 완전히 메우지 않고 조정을 종료합니다. 큰 폭의 갭이 발생한 경우, 갭 범위 안에서 어느 지점이 종점이 될지 특정할 수가 없습니다.

갭 범위 안에서 3영업일 정도에 조정의 종점이 되는 움직임이 나타나면 그곳을 종점으로 간주합니다.

'소폭조정'의
변형패턴 2

[자료 3-10]은 소폭조정의 조건에서 벗어나는 움직임
이 나타났을 때의 패턴입니다.

상승 흐름이 지속되는 도중에 나타나는 일시적인 조정의 저점 기
준은 반전 전 양봉의 시가라고 SECTION 3-6에서 말씀드렸습니다
만, 가격이 급격히 크게 움직여 반전 전 양봉의 시가를 하회하는 경
우가 있습니다([자료 3-10] 왼쪽 참조).

1영업일의 변동폭이 커지는 움직임은 그 방향으로의 강세를 나타
내므로, 상승에서 반전해 하락하는 국면에서 비교적 큰 음봉이 나타
나면 상승 흐름이 지속되지 않을 가능성이 있습니다.

여기서 확인해야 할 포인트는 SECTION 3-4에서 설명한 판단의
기준이 되는 기간, 가격위치, 가격 움직임의 방식 중에서 무엇을 우
선순위로 두느냐 하는 것입니다. 강한 추세가 형성되어 있다면 첫 번

[자료 3-10] 약세 움직임(비교적 큰 음봉 등)을 보인 후의 움직임

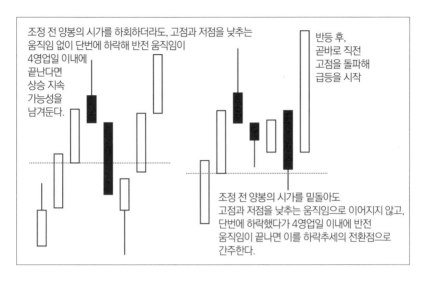

조정 전 양봉의 시가를 하회하더라도, 고점과 저점을 낮추는 움직임 없이 단번에 하락해 반전 움직임이 4영업일 이내에 끝난다면 상승 지속 가능성을 남겨둔다.

반등 후, 곧바로 직전 고점을 돌파해 급등을 시작

조정 전 양봉의 시가를 밑돌아도 고점과 저점을 낮추는 움직임으로 이어지지 않고, 단번에 하락했다가 4영업일 이내에 반전 움직임이 끝나면 이를 하락추세의 전환점으로 간주한다.

째 판단의 우선순위는 기간입니다.

가격 변동을 동반한 조정이 있더라도 폭락 수준의 움직임이 아니라면 3영업일(길어도 4영업일)안에 저점을 형성하고 반등해 상승할 수 있습니다. 이는 추세가 여전히 지속되고 있으며 그대로 상승세가 가속화될 가능성을 시사합니다.

하락폭이 다소 커지더라도 단번에 가격을 회복하고 직전 고점을 경신한다면 짧은 기간 내에 고점을 갱신하는 흐름에는 변함이 없습니다. 다시 말해 상승 도중 조정국면에서 장대음봉이 나타나는 경우, 3영업일 정도에 저점을 형성한 후 큰 폭의 반등국면을 보일 가능성이 있습니다. 그렇지 않다면 강한 상승세의 종료(추세전환)라고 판단할 수 있습니다.

　[자료 3-10]의 오른쪽은 3영업일째에 전일 대비 플러스 양봉을 기록했지만 지지선 역할을 하지 못하고 다음 4영업일에 종가 기준으로 한 단계 하락한 경우입니다.

　고점과 저점을 낮추는 움직임은 상당히 약한 형태입니다. 이러한 움직임과 함께 고점과 저점을 낮춘 후에 형성된 지지선의 가격위치가 조정 전 양봉의 시가 부근인 경우, 고점과 저점을 낮춘 날의 저가가 지지선이 되어 곧바로 가격을 회복하는 경우가 있습니다.

　이 경우, 지지선을 형성한 다음 날 바로 직전고점을 갱신할 정도로 상승해 전날 보였던 약세를 불식시킴으로써 강세의 지속을 나타냅니다.

　'지지선을 형성한 가격위치가 크게 하락하지 않았기 때문에 반등하면 1영업일 만에 직전고점을 넘어설 수 있다'라는 것이 4영업일에 고려해야 할 포인트입니다.

SECTION 3-9 상승 여력이 있는 '일반조정'의 기본형

　　앞서 설명한 '소폭조정'에 들어갈 것으로 보였던 움직임이 그렇게 전개되지 않는다면 급격히 상승하는 강한 추세가 일단 종료된 것으로 판단합니다.

　하지만 이는 해당 종목을 적극적으로 공략해온 세력이 완전히 관심을 잃은 것은(제4장에서 자세히 설명할 '비인기국면') 아닙니다. 아직 상승 가능성이 있다는 공통인식(확신)이 형성되면 언제든 다시 매수를 시도할 수 있는 상태입니다.

　'일반조정'은 단기적으로 목표 가격까지 도달했지만, 그 이상 상승하려면 다시 합의 형성 기간이 필요하다는 움직임입니다. 이 장의 서두에서 언급했듯이 매수 의사는 있지만 망설이고 있어서 좀 더 확신을 줄 수 있는 요인이 필요한 상황입니다.

　많은 시장 참여자들은 아직 상승 여력이 있다고 생각하지만, 계기

가 필요한 상태입니다. 어떤 계기를 기다리며 일단 차익실현이 진행
되고 조정폭과 기간이 '소폭조정'보다 커지는 움직임이라고 할 수
있습니다.

[자료 3-11]은 2013년 1월부터 4월까지의 닛케이지수 일봉차트
입니다. 2012년 11월 이후 금융 완화와 규제 개혁을 내세운 아베 신
조(安倍晋三)가 총리가 될 가능성이 높아지면서 가격이 상승하기 시
작했고, 실제로 아베가 총리가 취임하면서 가격 상승세가 지속되었
습니다.

2012년 11월 이후 3월까지 소폭조정을 반복하면서 뚜렷한 상승
흐름을 만들고 있습니다.

3월 21일에 반등고점을 기록한 후, 3월 22일 저점을 하락시키며
고점과 저점을 낮추는 흐름을 만들었고, 5영업일 이상 강한 저항
을 받으며 소폭조정과는 확연히 다른 움직임을 나타내고 있습니다.

11월부터 3월까지의 기간에 이미 4,000엔 가까운 상승폭을 기록
했습니다.

아직 일본은행 인사가 명확하지 않은 상황에서 금융 완화에 대한
기대로 엔화 약세와 주가 상승이 한계까지 이른 움직임입니다.

3월이 되면서 4월 일본은행 인사에 대한 관심이 높아져 상승이 제
한되는 모습을 보였습니다. 4월 5일에는 완화 추진파인 구로다 하루
히코(黑田東彦)를 일본은행 총재로 임명하는 인사안이 중의원을 통

[자료 3-11] 2013년 4월 5일 전에 상승세 가속화

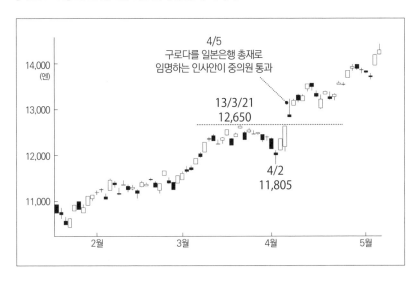

과했습니다. 상승이 제한되었던 주가는 이를 계기로 상승폭을 확대
했습니다.

  이처럼 추세가 완전히 종료된 상황은 아니지만, 더욱 위로 상승하
기 위해서는 많은 시장 참여자들의 합의 형성 기간이 필요한 경우
가 있습니다.

  이러한 상황에서 조정 방식의 특징은 다음 [자료 3-12]와 같이 '처
음 형성된 눈에 띄는 지지선을 깨지 않는' 움직임입니다.

  강한 상승 흐름이 지속되는 상황에서 나타나는 소폭조정과 여기
서 설명하는 일반조정의 차이는 시장 참여자들이 무조건 적극적인
행동을 취할 준비가 되어 있는지 여부입니다.

[자료 3-12] 일반조정패턴(박스권 내 움직임)

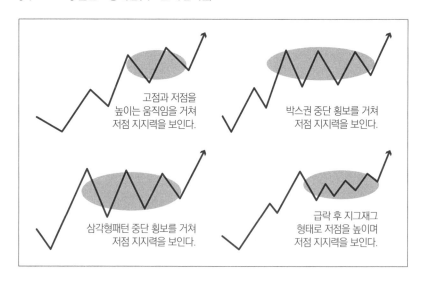

고점과 저점을
높이는 움직임을 거쳐
저점 지지력을 보인다.

박스권 중단 횡보를 거쳐
저점 지지력을 보인다.

삼각형패턴 중단 횡보를 거쳐
저점 지지력을 보인다.

급락 후 지그재그
형태로 저점을 높이며
저점 지지력을 보인다.

소폭조정의 경우, 조정이 종료된 후에는 지지선을 형성하는 움직임만으로도 곧바로 직전 고점을 크게 넘어서는 상승국면에 들어갑니다.

한편 일반조정은 그 시점에서 인기가 일단 시들해지고 새롭게 상승 여지가 충분하다는 것을 확인하지 못하면 다음 상승으로 이어지지 못하는 움직임입니다.

중요한 내용이므로 여러 번 강조하지만 조금 시간을 들여 다시 합의를 형성할 필요가 있다는 것입니다.

그렇다면 어떤 움직임이 있을 때 많은 시장 참여자들이 다시 상승세를 기대하게(믿음을 갖게) 될까요?

그것은 바로 저점 지지력을 확인하는 것입니다. 저점 지지력은 크게 두 가지 움직임을 통해 확인할 수 있습니다.

첫 번째는 저점에서 여러 번 지지를 받는 움직임이고, 두 번째는 지지선 바닥패턴을 형성하는 움직임입니다.

[자료 3-12]는 저점에서 여러 번 지지를 받는 일반조정패턴입니다.

일반적으로 알려진 박스형 중단횡보나 삼각형 중단횡보패턴도 이 움직임에 포함됩니다.

박스형과 삼각형에 대해서는 다음 SECTION에서 자세히 설명하겠습니다.

여기서 먼저 확인해야 할 포인트는 박스형이든 삼각형이든, 일반조정은 처음 형성된 눈에 띄는 저점이 시장 참여자들에게 인식되어 이 지점을 깨지 않는 움직임을 보인다는 것입니다.

[자료 3-12]에 제시된 네 가지 패턴은 각각 형태가 다르지만, 세부적인 형태의 차이는 중요하지 않습니다.

중요한 것은 처음 형성된 눈에 띄는 눌림목을 유지하고 있다는 점, 즉 시장 참여자들이 첫 번째 눌림목을 강하게 의식하고 있다는 것을 보여주는 형태라는 점입니다.

다음 [자료 3-13]은 지지선 바닥패턴을 형성하는 일반조정패턴입니다.

[자료 3-12]처럼 여러 번 저점을 시험하는 움직임은 아니지만, 지

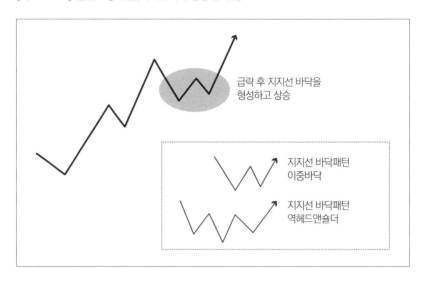

지선 바닥을 형성하는 과정에서 뚜렷한 저점 지지가 나타나므로 이
러한 움직임에는 시간(일반적으로 일주일 이상)이 소요됩니다.

둘 다 지지선 바닥을 형성하기 전에 고점과 저점이 낮아지는 움직
임을 보이지만, 지지선 바닥임이 명확하게 확인된 후에는 처음 형성
된 지지선을 유지합니다.

앞서 설명했듯이 소폭조정에서는 기간이 가장 우선순위가 높지
만, 일반조정에서는 가격위치(첫 번째 지지선 유지)가 가장 우선순위
가 높습니다.

또한 첫 번째 눌림목을 형성하는 가격위치는 상승 초기와 중기에
따라 다릅니다. 이에 대해서는 SECTION 3-11, 3-12에서 자세히

설명하겠습니다.

　[자료 3-13]의 역헤드앤숄더패턴의 경우, 지지선 바닥을 형성하는 과정에서 첫 번째로 눈에 띄는 저점을 깨고 내려가지만, 첫 번째 저점을 의식하는 형태로 중앙의 저점을 형성합니다. 그 하단의 견고함과 오른쪽 어깨를 형성할 때의 상승하는 움직임에 의해 바닥을 확인합니다.

'일반조정'(박스형과 삼각형)의 특징

장기적인 추세가 형성되는 경우, 소폭조정만 반복하며 계속 상승하지는 않습니다. 앞서 설명한 '일반조정'이 일어나 지지선 바닥패턴이나 횡보패턴을 형성하기도 하고, 가격 변동폭이나 기간이 다소 큰 조정이 나타나기도 합니다.

여러 번 저점을 시험하는 움직임이 나타나면 박스형, 삼각형과 같은 횡보 움직임을 형성하게 됩니다.

[자료 3-13]처럼 지지선 바닥패턴을 형성한 후 바로 상승을 시작하면 조정의 종료 시점을 쉽게 확인할 수 있고, 주저하는 시장 참여자들이 결단을 내릴 수 있게 만들어주기도 합니다.

하지만 횡보국면에 진입해 일정 범위 내에서 오랫동안 머무를 경우, 시장 참여자들이 해당 종목에 관심을 잃고 상승추세에서 이탈하는 경우가 발생할 수 있습니다.

따라서 일반조정패턴으로 횡보국면에 들어갈 경우 횡보기간, 고점과 저점을 시험하는 회수의 기준을 알아둘 필요가 있습니다.

다음 [자료 3-14]는 박스형, 삼각형 횡보가 가장 길어질 경우의 움직임입니다.

횡보국면에 들어서서 첫 번째 저점이 의식되는 기간과 변동 횟수는 경험적으로 최대 5개의 파동이 됩니다. 따라서 횡보국면에 들어섰다고 판단되는 상황이 발생하면 3번째 파동의 저점과 5번째 파동의 저점이 각각 눌림목 매수 기회라는 것을 염두에 두어야 합니다.

[자료 3-14] 박스형, 삼각형의 조정은 최대 5개의 파동으로 종료

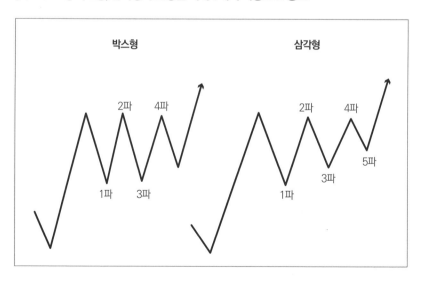

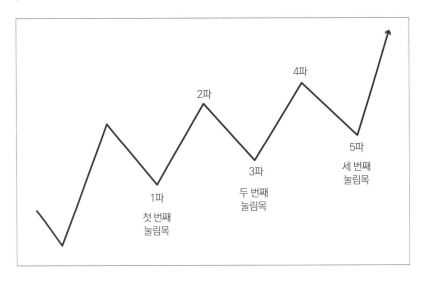

[자료 3-15]와 같이 상한가, 하한가를 높이는 지그재그는 박스형의 변형입니다. 박스형과 마찬가지로 두 번째 또는 세 번째 고점과 저점을 지난 후, 그 이전의 흐름으로 돌아갈 것으로 예상됩니다.

거듭 강조하지만 그 이상으로 횡보국면이 지속된다면, 그것은 일반조정이 아니라 비인기국면에 접어들었을 가능성을 고려해야 합니다.

다음 [자료 3-16]은 기존 추세가 지속되는 도중의 횡보와 기존 추세가 완전히 소멸된 상황(비인기국면)에서 횡보 움직임의 차이를 보여줍니다.

이전 추세가 지속될 가능성이 있는 경우, 횡보구간의 상단과 하단이 지지선과 저항선 역할을 하며 오랫동안 질질 끌지 않고 5개의 파

[자료 3-16] '일반조정'과 '비인기국면'의 차이

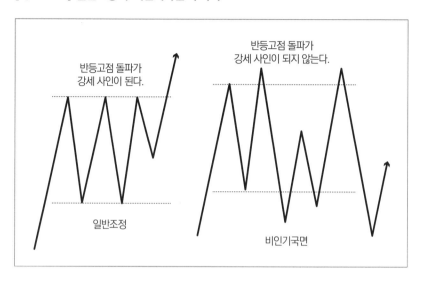

동으로 마무리됩니다. 하지만 기존 추세가 소멸된 경우, 횡보구간의 상단과 하단은 단순한 참고 수준에 불과합니다. 횡보구간을 위아래로 돌파하기도 하고 돌파 후 다시 횡보구간으로 돌아오기도 합니다. 즉, 이러한 움직임에는 특별한 의미가 없습니다.

후자의 경우, 결과적으로 횡보구간 부근에서 몇 달 동안 상승과 하락을 반복하는 경우가 많습니다.

'일반조정'에서 첫 번째 눌림목이 형성되는 가격위치 (상승 초기단계)

일반조정이 나타날 것 같은 상황에서는 처음 형성된 눈에 띄는 눌림목을 깨지 않는 것이 중요한 포인트라고 말씀드렸습니다.

그러면 첫 번째 눌림목이 형성되기 전까지는 한없이 하락세가 계속되더라도 이후의 판단을 내릴 수 없는 것일까요? 그렇다면 실제 시장에서는 도움이 되지 않습니다(첫 번째 눌림목이 형성되기 전에 수익이 사라질 가능성이 있습니다).

따라서 추세가 지속되는 동안 첫 번째 눌림목이 형성되는 가격위치에는 기준이 있으므로 안심하셔도 좋습니다. 그 가격위치는 많은 시장 참여자들이 납득할 수 있는 곳, 공통인식 속에서 '여기라면 매수하기 좋겠다'라고 생각되는 곳으로 정해집니다.

그리고 그 지점은 상층 초기와 중기에 따라 다릅니다.

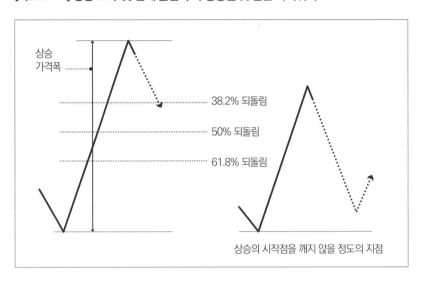

상승추세의 경우를 예로 들어 설명하겠습니다.

상승 초기단계에서는 저점의 기준이 될 만한 곳이 없습니다. 따라서 이전 상승폭 전체에 대한 조정이 기준이 됩니다.

대략적으로 생각할 수 있는 기준은 상승폭 전체의 50% 되돌림을 중심으로 상하 11.8%의 범위 내, 61.8% 되돌림에서 38.2% 되돌림 범위입니다([자료 3-17] 참조).

그 이유에 대해 생각해봅시다.

많은 시장 참여자들이 주목하고 있다는 것을 알고 있으며 계기를 기다리는 상황입니다. 하락하는 동안은 마치 반려견에게 "기다려"라고 명령한 상태와도 같습니다. 반려견은 하락하는 움직임을 보면서 '으르렁'거리며 기다리고 있습니다.

많은 시장 참여자들을 반려견이라고 가정해봅시다. 빨리 거래하고 싶어서 안달이 난 상황이라면 50%보다 높은 가격에서 적극적인 매수세가 유입되어 첫 번째 뚜렷한 눌림목을 형성합니다. 반면 신중하게 기다리자는 분위기라면 50%보다 낮은 가격, 과거 많은 시장 참여자들이 적극적으로 매수했던 지점(이전 차트의 흐름 등을 통해 판단)까지 하락해 첫 번째 뚜렷한 눌림목을 형성합니다.

또는 상승 극초기 단계에서는 상승 시작점을 깨지 않는 정도까지 하락하는 움직임도 허용범위라고 할 수 있습니다.

38.2~50% 되돌림 범위에서 저점 지지가 가능한지, 61.8% 되돌림 또는 상승폭의 대부분을 되돌린 후 저점 지지가 가능한지는 초기단계의 상승기간과 가격 변동폭으로 추측할 수 있습니다.

초기단계의 상승이 뚜렷한 조정 없이 가격 변동폭과 기간이 긴 움직임, 즉 최소 2주 이상 지속되는 움직임을 보이고 한 달 변동폭에 가까운 가격 범위까지 상승했다면, 그 상승은 명확하게 시장 참여자들이 상승을 추구하며 만들어낸 것이라고 추측할 수 있습니다.

이러한 상승추세가 조정에 들어가면 시장 참여자들의 적극성이 강하게 나타나 비교적 높은 가격에서 조정이 마무리될 것입니다.

즉, 눌림목의 깊이는 '시장 참여자들의 적극성'이 강한지 약한지에 따라 결정됩니다. 그리고 그 적극성은 캔들차트의 상승세로 나타나므로, 그동안의 상승이 강력했다면 눌림목은 얕을 것입니다.

한편 초기단계의 상승이 일주일 정도의 일시적인 움직임이었을 경우, 아직 시장 참여자들의 적극적인 상승의지를 확인할 수 없으므로 상승추세가 형성되었는지 확신하기 어렵습니다.

이 경우 38.2%, 50%, 61.8%에 그치지 않고 '상승 시작점보다 높은 위치'에서 눌림목을 형성한 후, 그 이후 급반등을 확인하고 나서야 비로소 공통인식이 형성되었음을 알 수 있습니다([자료 3-17] 오른쪽 참조).

'일반조정'에서 첫 번째 눌림목이 형성되는 가격위치 (상승 중기단계)

상승 중기단계에 이르면 이미 상승초기의 조정을 거쳤을 것이므로 상승 초기에 나타났던 조정폭이 다음 조정의 기준이 됩니다.

과거 사례가 있다면 그것을 참고해 움직이는 것이 공통인식이 되기 때문에, 상승 도중에 나타났던 이전의 조정폭과 비슷한 정도의 조정이 상승 중기단계의 일반조정에서 첫 번째 눌림목까지의 가격 변동폭 기준이 됩니다(다음 [자료 3-18] 참조).

일반조정의 경우 가격위치의 우선순위가 높다는 것은 이미 설명해드렸습니다만, 여기서 말하는 가격위치란 이전과 동일한 가격 변동폭에서 산출할 수 있는 위치를 의미합니다.

바꿔 말하면 이 가격위치를 중요시하고 있다는 것을 객관적으로

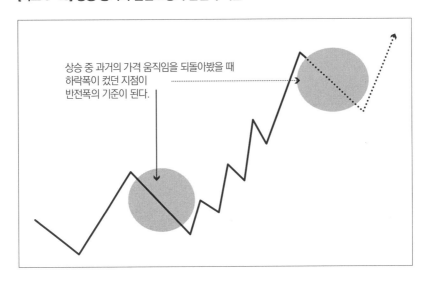

상승 중 과거의 가격 움직임을 되돌아봤을 때 하락폭이 컸던 지점이 반전폭의 기준이 된다.

알 수 있는 움직임이 나타나지 않는다면, 앞서 언급했던 반려견의 예처럼 "기다려"라는 명령에 으르렁거리며 기다리는 참여자가 많지 않다는 것을 시사합니다. 그렇다면 시장이 어디에서 멈출지 알 수 없으므로 캔들차트의 움직임도 의미를 잃습니다. 즉, 추세가 끝나고 무작위로 움직이는 상태가 되었다는 것을 의미합니다.

이 책에서는 캔들패턴을 통해 가격 변동을 예측하는 방법에 대해 설명하고 있습니다. 그러나 제4장에서 자세히 설명하겠지만 이러한 예측이 가능한 경우는 제한적입니다.

본래 미래에서 일어날 일은 대부분 예측할 수 없습니다. 하지만 시장은 사람이 움직이는 것이기 때문에 일부 예측이 가능한 것입니다.

사람들이 적극적으로 목적을 달성하려는 행동을 보일 때에만 무엇을 하고 싶은지 알 수 있고, 그것이 달성 가능한지 객관적으로 판단할 수 있습니다. 시장의 가격 변동은 사람이 만드는 것입니다. 추세가 형성되어 있다는 것은 이익을 얻고자 하는 목표 아래 많은 시장 참여자들이 공통인식을 가지고, 적극적으로 행동하고 있다는 의미입니다. 따라서 그 안에서 나타나는 전환패턴이나 조정패턴을 통해 가격 움직임을 예측할 수 있습니다.

하지만 그런 상황이 아니라면 캔들패턴은 아무런 도움도 되지 않습니다. 더 나아가 수급 데이터나 경제상황을 통해 그럴듯한 이유를 갖다 붙여도 그것이 가격을 움직이는 요인이 되지는 않습니다. 실제로 아무리 경기가 좋아도 거의 움직이지 않는 개별 종목도 많고, 경기가 나빠도 폭등하는 종목도 있습니다.

가격 변동을 예측할 수 있는 것은 '인기국면'일 때뿐이며, 이러한 경우에 한해서 어디까지 움직일 가능성이 있는지, 소폭조정이나 일반조정이 어디에서 멈추고 어떻게 다시 추세로 돌아갈지 알 수 있습니다. 그리고 예측이 가능한 움직임이 나타나면 시장 참여자들의 적극성을 확인할 수 있으므로 다음 예측 또한 가능해집니다.

SECTION 3-13 추세는 기본적으로 5개의 파동패턴을 만든다

추세가 형성되었을 때 조정이 어떻게 진행되는지 이해했다면 이제 전체적인 흐름이 어느 정도 보이기 시작할 것입니다.

추세 전체의 기본형에 대해 마지막으로 설명하도록 하겠습니다.

전체적인 움직임을 이해하면 추세가 시작된 시점에서 목표 지점이 어렴풋이 보일 것입니다(이 책을 끝까지 읽고 나면 시작점과 목표지점이 명확히 보이게 될 것입니다).

추세의 시작부터 목표지점까지 기본형은 5개의 파동패턴입니다. 그 형태의 특징은 [자료 3-19]와 같이 4파 종점의 저점이 1파 종점의 고점보다 훨씬 위에 위치하고 있다는 점입니다(상승의 경우).

이런 단순한 형태지만 추세를 형성할 때는 이러한 움직임을 보이는 경우가 많습니다.

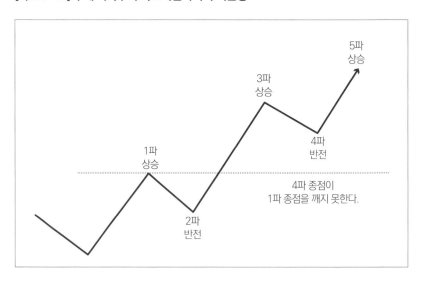

5개의 파동은 일반조정의 박스형이나 삼각형과 동일합니다. 큰 파동이든 작은 파동이든 인간이 시장을 만들어가는 이상 비슷한 형태가 되는 것입니다.

그리고 앞서 설명했듯이 2파와 4파는 비슷한 가격 변동폭에서 조정을 보이므로, 3파의 종점은 2파와 비슷한 폭만큼 조정을 받더라도 1파의 고점을 깨지 않는 지점까지 도달할 것으로 예상됩니다.

2파에서 반전해 1파의 고점을 넘어서면 어디까지 상승할지 기준을 세울 수 있습니다.

다음 [자료 3-20]은 5파의 상승 흐름을 만드는 두 가지 패턴입니다.

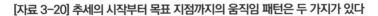

[자료 3-20] 추세의 시작부터 목표 지점까지의 움직임 패턴은 두 가지가 있다

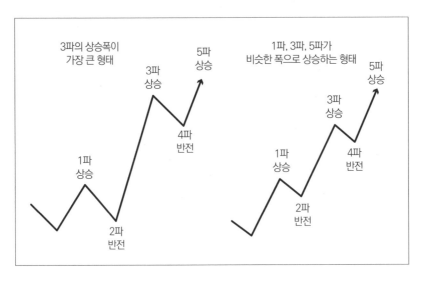

첫 번째는 1파, 5파의 상승폭이 짧아지고 3파만 크게 상승하는 패턴, 두 번째는 1파, 3파, 5파가 모두 비슷한 폭으로 상승하는 패턴입니다.

따라서 첫 번째 1파가 충분한 기간과 가격 변동폭을 보이지 못하고 자료의 왼쪽처럼 전개될 경우 3파가 길어질 것으로 예상됩니다. 반대로 1파가 길어질 경우에는 2파, 4파의 조정이 비교적 짧아지고, 이후 3파와 5파도 1파와 유사한 상승 움직임을 보일 것으로 예상됩니다.

제4장

—

캔들차트 읽기의 정확도를 높이는 방법

캔들패턴을 분석할 때의 대전제

　　　　제1장부터 제3장까지 전환패턴과 지속패턴을 구분하는 방법에 대해 설명했습니다.

　제4장에서는 그 정확도를 높이기 위해 어떻게 해야 하는지 설명하겠습니다. 그렇다고 '정확도를 높이기 위해' 다른 지표를 추가하는 등 능동적으로 무언가를 해야 한다는 것은 아닙니다.

　결론부터 말씀드리면, '정확도를 높여야 하는 상황이나 종목에서만 캔들패턴을 판단해야 한다'라는 수동적인 이야기입니다. 그래서는 곤란하다고 생각하는 분들도 있겠지만, 이건 냉정한 현실이므로 받아들일 수밖에 없습니다. 실전적인 관점에서 말하자면 항상 시장에 참여하기보다는 예측하기 쉬운 상황이나 종목에만 집중해서 참여하라는 뜻이기도 합니다.

　제3장 SECTION 3-12에서는 알 수 없는 미래를 어떻게 예측할 수

있는지에 대해 다루었습니다.

쉽게 말해서 인간이 하는 일이기 때문입니다. 사람들이 목적을 가지고 무언가를 하고 있기 때문에 최종 목표 지점과 그곳에 도달하는 기한이 명확합니다(인간의 경제활동 범위 내에서 기한이 설정되어 있습니다). 사람들은 '언제까지 무엇을 하고 싶다'라는 의지에 따라 적극적으로 합리적인 행동을 합니다. 그렇기 때문에 그 결과를 객관적으로 예측할 수 있는 것입니다.

그렇다면 가격 변동을 예측할 수 있는 대상은 가격 차이를 통해 이익을 얻기 위해 적극적으로 시장에 참여하는 사람들이 매년 반드시 존재하는 종목뿐이라는 결론이 나옵니다.

선물 시장은 그런 사람들의 존재 없이는 유지될 수 없으므로, 당연히 예측이 가능한 시장이라고 할 수 있습니다.

환율은 정책적으로 각국이 일정한 움직임을 유도하는 경우가 있기 때문에 그런 상황에서는 예측이 가능합니다. 또한, 그런 움직임을 예상하고 가격 차이를 통해 이익을 얻으려는 사람들도 적극적으로 참여하고 있습니다.

닛케이지수에 기여도가 높은 대형주는 당연히 닛케이지수를 움직이기 위해 사용되므로 예측이 가능합니다.

무슨 말을 하고 싶은가 하면, 개별 주식의 경우 그러한 조건에 해당되지 않는 종목도 있다는 것입니다. 예를 들어 배당으로 이익을 얻고자 하는 사람이 많고, 가격 변동으로 이익을 얻기 위해 참여하는 사람이 다수를 차지하지 않는 종목도 있습니다. 그런 종목은 가격을 움직이기 위한 적극적이고 합리적인 행동이 나타나지 않기 때문에 예측하기 어렵습니다.

또는 약 10년 동안 대부분 200~250엔 정도의 범위에서 횡보하다가 가끔 500엔 정도까지 오르는 종목이 있다고 가정해봅시다.

그 종목이 언제 500엔으로 오를지는 예측할 수 없습니다. 다만 범위의 상한을 넘어서는 움직임이 나타났을 때만 500엔을 목표로 하는 흐름이 생기는 것을 기대해볼 수 있을 정도입니다. 그러나 오랜 기간 일시적으로 범위의 상한을 넘었다가 곧바로 상승이 저지되는 움직임은 여러 번 있을 것이므로, 그중 어떤 움직임이 500엔을 목표로 하는 것인지 가려내는 작업은 매우 비효율적입니다.

한편, 가격 변동을 통해 이익을 얻고자 하는 사람들은 일정 기간, 길어야 1년 정도 안에 성과를 내야 합니다. 특히 타인의 자금은 운용하는 경우, 매년 다른 투자처보다 높은 수익률을 내지 못하면 고객들은 해약하고 다른 투자처로 이동합니다.

따라서 가격 변동을 통해 이익을 얻으려는 사람들이 참여하는 종목은 매년 일정폭의 가격 변동이 반드시 나타납니다. 1년 동안 일정한 가격 변동이 있기 때문에 그들이 그 종목에 참여한다고 볼 수도 있고, 그들이 참여하기 때문에 매년 일정한 가격 변동폭이 만들어진다고도 볼 수 있습니다.

어느 쪽이든 상관없지만 중요한 것은 '1년이라는 기간 안에 일정폭의 움직임이 반드시 나타난다'라는 전제가 있다는 점입니다. 그렇기 때문에 이러한 종목의 가격 변동은 캔들차트를 통해 예측할 수 있습니다.

이상을 종합하면 특정 종목은 캔들차트를 통해 그 움직임을 예측할 수 있으며, 그 예측은 1년을 기준으로 삼는다는 것입니다.

SECTION 4-2 시장이 움직이는 시기에 거래하는 것이 중요한 이유

앞서 말씀드린 내용을 이해했다면 1년간의 가격 변동을 예측하는 것은 간단합니다.

다음 세 가지만 고려하면 됩니다.

① 1년 동안 안 어느 정도의 가격 변동폭을 보일 것인가?

② 언제부터 움직이기 시작할 것인가?

③ 그 해가 상승 또는 하락 중 어느 방향으로 연간 변동폭을 형성할 것인가?

1년 동안 주가가 어느 정도 움직일지는 과거 연간 변동폭(고점에서 저점까지의 가격폭)을 조사하면 기준을 잡을 수 있습니다. 언제부터 움직이기 시작하는지도 과거의 움직임을 보면 쉽게 경향을 파악할 수 있습니다. 이 두 가지에 대해서는 이번 장에서 자세히 설명하겠습니다.

주가가 상승 또는 하락 중 어느 방향으로 움직일지는 결과가 나와야만 알 수 있습니다. 그러나 이것이 시장의 방향을 알 수 없고 수익을 낼 수 없다는 것을 의미하지는 않습니다. 캔들차트의 움직임을 따라가면서 시간이 지남에 따라 어느 방향으로 움직이는지 알 수 있고, 그 과정에서 거래를 통해 수익을 올릴 수 있습니다. 이 움직임을 따라가는 방법에 대해서도 자세히 설명하겠습니다.

이러한 내용을 설명하기 전에 연간 변동폭이 어떤 움직임으로 만들어지는지 간략하게 살펴보겠습니다.

1년간의 변동폭을 만들어내는 움직임은 결론부터 말하자면 '짧은 기간 동안 단숨에 만들어진다'라고 할 수 있습니다.

이때 나타나는 캔들패턴이 바로 제1장부터 제3장까지 설명한 형태입니다. 시장 참여자들의 행동이 이러한 캔들패턴으로 나타나는 이유는 공통인식 속에서 같은 목표를 향해 움직이기 때문이며, 이로 인해 누구나 예상할 수 있는 합리적인 가격 움직임이 나타나는 것입니다.

하지만 그러한 추세는 오래 지속될 수 없습니다.

많은 사람이 모이면 다양한 생각들이 얽히기 마련이고 결국 목표를 달성한 후, 또는 목표를 달성하지 못하더라도 일정 시간이 지나면 자연스럽게 붕괴됩니다. 모두 함께 목표를 가지고 노력하더라도 그것이 언제까지나 지속될 수 없는 것이 일반적인 집단의 속성입니다.

뿔뿔이 흩어져버리면 제1장부터 제3장까지 설명한 것과 같은 패턴은 만들어지지 않습니다. 그러한 패턴처럼 보이는 움직임이 나타나더라도, 그 이면에는 공통인식 속에서 같은 목표를 향해 나아가는 움직임이 없기 때문에 그 이후의 움직임을 예측할 수 없습니다.

몇 번이나 말씀드렸듯이 사람들이 목적을 가지고 적극적으로 행동할 때만 객관적으로 그 목표를 달성할 수 있을지 예측할 수 있습니다. 주체성 없는 사람이 주변 분위기에 휩쓸려 행동하는 상황에서는 그 사람이 다음에 어떤 행동을 할지 예측할 수 없기 때문입니다.

다음 SECTION에서 자세히 설명하겠지만 적극적으로 오랫동안 고점(저점)을 경신하는 움직임은 1년 중 약 3분의 1 기간에만 나타나며, 나머지 3분의 2기간은 방향성이 없는 상태입니다.

이것은 일반 투자자들도 경험적으로 납득할 수 있는 부분일 것입니다. 1개월 동안 상승세를 이어가다가 다음 2개월 동안은 방향성이 없는 것입니다. 상승하는 1개월 동안 수익을 잘 실현한 사람도 이후 2개월 동안 같은 방식으로 거래하면 수익을 거의 남기지 못할 것입니다.

방향성이 없는 상황에서는 캔들패턴도 통하지 않기 때문에 수익을 낼 수 없습니다. 지지와 저항이 의미가 있는 이유는 일정 기간 동안 많은 시장 참여자들이 이익을 얻기 위해 적극적으로 행동하기 때문입니다. 그렇지 않은 상황에서는 날마다 바뀌는 강력한 세력의 의도, 주로 그날 하루만 수익을 내고 빠져나가는 큰손 시장 참여자들의 의도에 따라 가격은 얼마든지 변합니다.

따라서 추세가 형성될 때와 그렇지 않을 때를 구분해 생각해야 합니다.

시장이 움직이는 것은 '1년 중 30%'

SECTION 4-3

[자료 4-1]은 2016년 닛케이지수 일봉차트입니다.

2016년은 영국의 EU 탈퇴를 결정하는 국민투표와 미국의 대통령 선거 등으로 인해 가격 변동이 심한 해였습니다.

가격은 1월 5일 대발회(새해 첫 거래일)의 최고가 18,951엔에서 2월 12일 최저가 14,865엔까지 4,086엔 하락했으며, 그 후 6월 24일 최저가 14,864엔에서 12월 21일 최고가 19,952엔까지 5,088엔 상승했습니다.

일일 가격 변동을 따라가다 보면 수명이 10년쯤 줄어들 정도로 격렬하지만, 1년간의 가격 변동을 종합해보면 4,000엔 하락하고 5,000엔 상승한 움직임에 불과합니다.

이렇게 말씀드려봤자 하루하루의 격렬함이 전달되지 않는 것이 아쉽습니다.

[자료 4-1] 2016년 닛케이지수 일봉차트

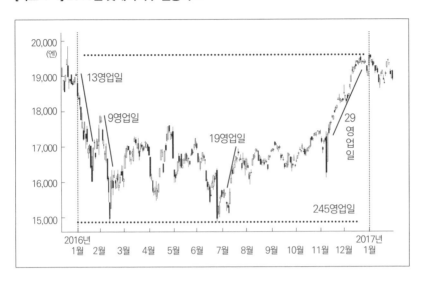

더 자세히 살펴보면 그해의 최저가를 경신하는 하락이 진행된 기간은 1월부터 2월에 걸쳐 나타난 하락국면의 13영업일과 9영업일뿐입니다. 불과 1개월 정도의 움직임에 지나지 않습니다.

하락분을 회복하는 기간은 6월 24일부터 7월 21일까지 19영업일, 11월 9일부터 12월 21일까지 29영업일로 총 48영업일(약 2개월)에 불과합니다.

일희일비(一喜一悲)하며 일일 가격 변동을 쫓아다닌 것에 비해, 그해의 새로운 고점과 저점을 만들어내는 움직임이 있었던 기간은 1년 245영업일 중 70영업일, 비율로 따지면 28.57%에 불과합니다.

2016년은 특별히 가격 변동이 심해서 고점과 저점을 만드는 기간이 순식간에 지나갔던 것은 아닙니다.

다음 [자료 4-2]를 보면 2015년에는 1월 16일 저가 16,592엔에서 6월 24일 고가 20,952엔까지 4,360엔 상승한 후, 그해 남은 기간은 해당 가격 범위 내에서 움직였습니다. 연간 변동폭 전체를 6월까지의 기간에 형성한 해였습니다. 1년 245영업일 중 62영업일(1월부터 3월까지의 상승과 5월의 상승) 동안만 고점을 경신하는 움직임을 보였습니다.

참고로 8월에 가격이 급락했지만 이 하락은 12영업일 정도의 기간에 불과했습니다.

가격은 1년 동안 하락 후 상승하거나 상승 후 하락하는 움직임을

[자료 4-2] 2015년 닛케이지수 일봉차트

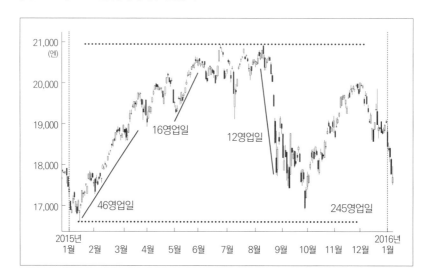

반복할 뿐입니다. 우리가 시장에서 해야 할 일은 그 가격 변동의 차익을 상승에서 얻을지, 하락에서 얻을지, 아니면 양쪽 모두에서 얻을지 결정하는 것입니다.

그리고 시장이 이 1년 동안의 변동폭을 만들어내는 기간은 1년 전체 영업일의 30%도 되지 않습니다. 이 30%의 기간 동안 거래할 수 있다면 효율적으로 투자할 수 있지 않을까요? '그렇게 마음대로 되면 고생할 사람이 누가 있겠어'라고 생각할지도 모릅니다. 하지만 사실은 가격 변동의 특징과 캔들차트 분석법만 알아도 지금 현재가 1년간의 가격 변동 중 어느 위치에 있는지 대략적으로 파악할 수 있습니다.

예를 들어 다음 [자료 4-3]은 필자가 2016년 3월 17일 시점에서 연말까지의 전개를 예상하며 그린 선입니다. 그리고 다음 [자료 4-4]는 [자료 4-1]에서도 보여드렸던 실제 가격 변동입니다.

필자가 사전에 예측한 닛케이지수의 움직임과 실제 가격 변동을 비교해보세요. 대략적인 변동폭과 움직임은 거의 일치합니다.

'예측이 맞았다'라고 자랑하려는 것은 아닙니다. 이 정도 예측은 가격 변동의 특징만 이해하면 쉽게 할 수 있기 때문입니다.

중요한 것은 1년 간의 대략적인 가격 변동을 예측할 수 있다면 '움직이는 기간'에만 이 책에서 설명하는 캔들차트를 적용해 예측할 수 있다는 것입니다. 이를 통해 캔들패턴을 사용해 더욱 정확도 높은 거래를 할 수 있습니다.

[자료 4-3] 필자가 2016년 3월 17일 시점에 작성한 두 가지 장기 시나리오

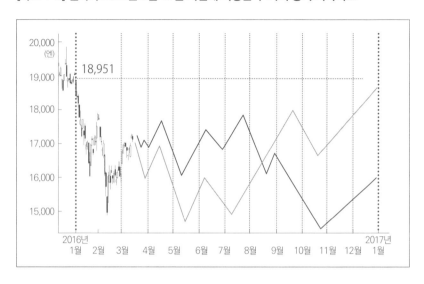

[자료 4-4] 2016년 실제 가격 변동

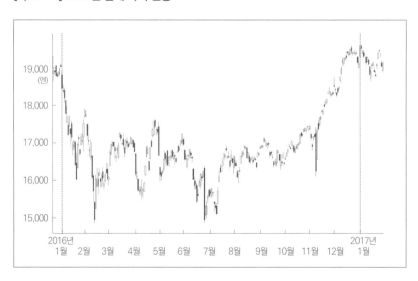

캔들을 알고 차트를 읽으면 주식 시장이 보인다

SECTION 4-4 참여자에게 '공통규칙'이 있는 것이 중요하다

1년 동안 가격 변동폭이 큰 강한 움직임은 전체 기간의 약 30%에 불과하다는 것을 이제 이해하셨을 것입니다.

이러한 움직임이 나타나는 이유는 가격 변동을 통해 이익을 얻고자 하는 사람들이 짧은 기간 동안 공통인식을 바탕으로 탐욕스럽게 거래해 급격한 상승 또는 하락을 만들어내고, 불안해지면 즉시 흩어지기 때문입니다.

빠르게 모였다가 빠르게 흩어지지만, 그 기간에는 가격에 추세가 형성되고 객관적으로 그러한 행동을 나타내는 캔들패턴이 만들어지므로, 가격 변동을 높은 정확도로 예측할 수 있습니다.

바꿔 말하면 그러한 상황 외에는 공통된 규칙이 없기 때문에 비슷한 캔들패턴이 나타나더라도 예측의 정확도가 떨어집니다.

"단 30%에 불과한 상황을 노려라"라고 말하는 이유가 바로 여기

제4장 캔들차트 읽기의 정확도를 높이는 방법　　　157

에 있습니다.

짧은 기간 동안 큰 변동폭을 통해 이익을 얻을 수 있다는 이점도 있지만, 많은 시장 참여자들이 공통인식을 바탕으로 움직이기 때문에 전형적인 가격 변동패턴이 형성되기 쉽고, 예측이 용이하며, 리스크가 적은 거래를 할 수 있기 때문입니다.

이처럼 사람들이 욕망에 따라 모여서 적극적으로 가격을 형성하는 곳, 즉 연간 30%에 해당하는 구간을 '인기구간', 그렇지 않은 구간을 '비인기구간'이라고 부르겠습니다.

먼저 인기구간인지 아닌지를 구분할 수 있다면 승리에 한발 가까워집니다.

인기구간이란 자신처럼 수익을 내고 싶어 하는 사람들이 모여 있다는 뜻이므로 자신의 생각대로 일이 흘러갈 가능성이 높아지기 때문입니다.

본래 시장에서는 자신의 생각은 전혀 도움이 되지 않습니다. 따라서 캔들패턴이 반전 상승을 예고한다고 해서 실제로 가격이 반전 상승할지는 알 수 없습니다. 같은 패턴이 나타났더라도 반등매도로 인해 저점을 경신하는 경우 등은 얼마든지 경험할 수 있습니다.

그런 시장에서도 자신의 생각대로 되는 경우가 있습니다. 중요한 포인트이므로 여러 번 말씀드리지만, 가격 변동을 통해 수익을 내고자 하는 비슷한 생각을 가진 시장 참여자들이 적극적으로 시장에 참여하는 상황에서는 자신의 생각대로 가격이 움직이는 경우가 많습니다.

경험이 풍부한 시장 참여자는 본래 시장의 가격 변동이 자신의 생각대로 되지 않는다는 것을 알고 있습니다. 또한 많은 시장 참여자들이 같은 생각을 하고 있을 때만 가격을 길고 크게 움직일 수 있다는 것도 알고 있습니다.

그리고 그러한 상황에서는 캔들패턴이 잘 들어맞습니다.

사람이 만드는 것은 사람이 생각할 수 있는 범위를 벗어나지 않습니다. 많은 사람이 쉽게 이해하고 같은 행동을 반복할 수 있는 상황을 만들기 위해서는 단순한 움직임의 조합이어야 합니다.

그렇기 때문에 가격 변동으로 수익을 내려는 많은 시장 참여자들이 있고 추세가 형성된 상황에서는 캔들패턴이 잘 들어맞는 것입니다.

즉, 인기가 있고 추세가 형성된 상태에서는 캔들패턴의 적중률이 높지만, 인기가 없는 상태에서는 가격 변동패턴이 별 도움이 되지 않습니다.

바꿔 말하면 캔들패턴이 잘 들어맞는 상태가 인기구간이고, 잘 들어맞지 않는 상태가 비인기구간이라고 구분할 수 있습니다.

"인기구간에서는 캔들패턴이 잘 들어맞으니까 그곳을 노리고 캔들패턴을 활용하라"라는 것과, "캔들패턴이 잘 들어맞는 것은 인기구간이기 때문이니까 캔들패턴의 적중률 여부로 인기구간을 파악할 수 있다"라는 것은 닭이 먼저냐, 달걀이 먼저냐는 논쟁과 비슷해서 "어떻게 해야 할지 모르겠다"라고 생각하는 사람도 있을지 모릅니다.

그러나 실제 시장에서는 이론적으로 '어느 쪽이 먼저인가'를 구분하는 것은 그다지 중요하지 않습니다.

중요한 것은 시장의 흐름 속에서 '인기구간' 또는 '캔들패턴이 잘 들어맞는 구간' 둘 중 하나라는 것을 알았을 때, 그에 맞는 대응을 하면 된다는 것입니다.

　그에 맞는 대응이란 즉 인기구간일 때의 전개를 사전에 예상하고 매매를 시작하며, 예상대로 흘러가지 않으면 그만두는 것입니다.

　중요한 것은 예측이 맞았는지 틀렸는지, 또는 어떤 형태로 깔끔하게 거래할 것인지가 아닙니다.

　이 책을 선택하신 분은 필시 거래를 통해 이익을 얻고자 하는 분들일 것입니다. 이익을 얻기 위해 필요한 것은 큰 가격 변동이 시작되는 시점을 파악하고, 그 변동에 발맞춰 적절한 대응을 하는 것입니다. 바로 그것이 핵심입니다.

SECTION 4-5 '인기구간'에서 가격 변동폭 목표치

서론이 길어졌습니다만, 이번 장 서두에서 언급한 예측 조건 중 하나인 '얼마나 상승할 것인가?'에 대해 설명하겠습니다.

다음 [자료 4-5]는 1991년부터 2016년까지 닛케이지수 연간 주가 정보를 나타내며, 오른쪽에는 최고가와 최저가 사이의 가격 변동폭이 표시되어 있습니다.

이를 보면 가격이 대략 12,000엔 이하인 해에는 4,000엔 이하의 변동폭을 보이는 경우도 있지만, 주가가 12,000엔 이상일 경우에는 대체로 4,000엔 이상, 구체적으로는 4,000엔에서 6,000엔 사이의 변동폭을 보이는 것을 알 수 있습니다. 매년 주가가 무작위로 오르내리는 것처럼 보이지만 1년간의 변동폭을 종합해보면 대체로 비슷한 변동폭을 반복하고 있습니다.

이처럼 매년 어느 정도 일정한 폭의 움직임을 보이는 이유는 가격

[자료 4-5] 닛케이지수 연간 주가 정보

(단위 : 엔)

년	연간 시가	연간 고가	연간 저가	연간 종가	연간 변동폭	
					평균 이상	평균 이하
1991	23,827	27,270	21,123	22,983	6,147	
1992	23,030	23,901	14,194	16,924	9,707	
1993	16,980	21,281	15,671	17,417	5,610	
1994	17,421	21,573	17,242	19,723	4,331	
1995	19,724	20,023	14,295	19,868	5,728	
1996	19,945	22,750	18,819	19,361		3,931
1997	19,364	20,910	14,488	15,258	6,422	
1998	15,268	17,352	12,787	13,842	4,565	
1999	13,779	19,036	13,122	18,934	5,914	
2000	18,937	20,833	13,182	13,785	7,651	
2001	13,898	14,556	9,382	10,542	5,174	
2002	10,631	12,081	8,197	8,578		3,884
2003	8,669	11,238	7,603	10,676		3,635
2004	10,787	12,195	10,299	11,488		1,896
2005	11,458	16,445	10,770	16,111	5,675	
2006	16,294	17,563	14,045	17,225		3,518
2007	17,322	18,300	14,669	15,307		3,631
2008	15,155	15,156	6,994	8,859	8,162	
2009	8,991	10,767	7,021	10,546		3,746
2009	8,991	10,767	7,021	10,546		3,746
2010	10,609	11,408	8,796	10,228		2,612
2011	10,352	10,891	8,135	8,455		2,756
2012	8,549	10,433	8,238	10,395		2,195
2013	10,604	16,320	10,398	16,291	5,922	
2014	16,147	18,030	13,885	17,450	4,145	
2015	17,325	20,952	16,592	19,033	4,360	
2016	18,818	19,592	14,864	19,114	4,728	

캔들을 알고 차트를 읽으면 주식 시장이 보인다

변동을 통해 이익을 얻고자하는 참여자들이 매년 적극적으로 활동하기 때문입니다.

닛케이지수 자체는 거래되지 않지만, 닛케이지수 선물은 거래되고 있습니다. 선물 가격 변동으로 이익을 얻기 위해 닛케이지수에 포함된 주요 종목의 주가를 적극적으로 끌어올리거나 끌어내리면서 지수와 선물 가격을 형성하고 있습니다.

결론적으로 말씀드리고 싶은 것은 매년 일정한 폭의 가격 변동이 나타나는 경향이 있으므로, 해당 연도의 가격 움직임을 예측할 때는 이러한 연간 변동폭을 고려해야 한다는 점입니다.

지금까지 가격이 상승할 것이라고 생각할 때 '어디까지 상승할지 모른다'라고 막연하게 표현했을지도 모릅니다. 그것은 단순한 기대치일 뿐 예측은 아닙니다.

이 책을 여기까지 읽으신 분들은 '올해 최저가가 얼마가 될 가능성이 있으니까 올해는 얼마까지 오를 것이다'라는 식으로 생각하는 법을 바꾸어봅시다. 그러면 더욱 자신감을 가지고 시장에 대응할 수 있게 됩니다. 여기서 '자신감을 가지고'라는 의미는 상승(하락)할 것이라는 예측을 절대적으로 믿고 포지션을 잡을 수 있다는 뜻이 아니라, '이렇게 되면 이렇게 한다', '이렇게 되지 않으면 이렇게 한다'라는 식으로 유연하게 행동할 수 있는 자신감을 얻게 된다는 뜻입니다.

닛케이지수는 가격이 12,000엔 이상일 경우 거의 모든 해에서

4,000엔 이상의 변동폭을 보입니다.

그럼에도 불구하고 왜 예측하는 해에만 그 변동폭의 변화가 나타나지 않을지도 모른다고 생각하는 것일까요? 당연히 '올해도 (연간 가격이 상승한다면) 저점에서 4,000엔 정도의 상승폭이 있을 것이다'라고 생각하고 행동해야 합니다.

SECTION 4-3에서 필자가 제시한 2016년 닛케이지수 추이 예측이 대체로 맞았던 이유도 이러한 발상 때문입니다.

필자의 생각은 이랬습니다.

2016년은 2월까지 1월 고점 대비 4,000엔 이상 하락했습니다. 2월 시점에서 이미 연간 변동폭의 대부분을 소진한 셈입니다.

다음으로, 일본은행이 금융 완화를 지속하고 아베 정권이 경제 정책을 중시하는 상황에서 그 해에 극단적인 하락, 예를 들어 6,000엔 폭의 하락을 겪을 가능성은 낮다고 판단했습니다.

따라서 2월 저점 부근을 크게 하회하는 움직임은 예상하기 어려웠고, 이후 하락하더라도 2월 저점을 크게 밑돌지 않을 것이라고 예측했습니다.

연간 변동폭을 알기만 해도 2016년과 같은 상황이라면 연초에 바닥이 될 가능성이 높은 지점을 예측할 수 있다는 것입니다.

'인기구간'이 될 만한 시기는 언제일까?

1950년부터 2016년까지 닛케이지수 평균 주가 월별 양봉 확률을 조사한 결과는 다음과 같습니다.

양봉 확률이란 월봉이 양봉으로 마감된(월초 시가보다 월말 종가가 더 높은) 해의 비율을 나타낸 것입니다.

· 1월 ······ 65.7%

· 2월 ······ 58.2%

· 3월 ······ 59.7%

· 4월 ······ 62.7%

· 5월 ······ 47.8%

· 6월 ······ 64.2%

· 7월 ······ 49.3%

- 8월 …… 53.0%

- 9월 …… 46.3%

- 10월 …… 55.2%

- 11월 …… 58.2%

- 12월 …… 59.7%

60년 이상의 데이터이므로 극단적인 편향은 보이지 않지만, 그럼에도 불구하고 1월부터 4월경까지의 기간과 6월이 상승하기 쉬운 시기로 볼 수 있습니다.

버블 붕괴가 일어난 1989년 12월까지 닛케이지수는 기본적으로 상승 기조를 이어왔기 때문에 하락에 대한 명확한 경향은 나타나지 않았습니다. 그러나 5월과 9월의 양봉 확률이 50% 이하라는 데이터는 상승추세 속에서도 이 시기에는 상승폭이 제한되거나 하락하는 경우가 많았음을 시사합니다.

실제로 7~9월은 여름철 비수기, 재료 소진으로 고점을 경신하기 어려운 조정기간이라고 일컬어지는데, 그러한 경향은 데이터로도 확인할 수 있습니다.

이러한 경향이 나타나는 것은 경제활동 과정에서 매년 정해진 시기에 자금 이동이 발생하기 때문입니다.

예를 들어 3월은 일본의 회계연도(會計年度) 말이라서 자금 이동이 용이하기 때문에 3월 거래량이 연중 가장 커지기 쉽고, 9월은 미국 연방정부의 회계연도 말이라서 8월에서 9월 사이에 탈달러 현상으로 인한 엔화 강세가 나타나기 쉬운 경향이 있습니다.

필자는 1990년대 초반부터 계절별 가격 변동 경향을 데이터로 제시하며 해설해왔습니다. '실제 데이터에 가까운 움직임이 나타났는지', '그렇지 않은 경우 왜 그렇게 되지 않았는지' 20년 이상 확인해온 셈입니다.

따라서 여기에 제시된 정보는 '과거 데이터를 조사해보니 이런 결과가 나왔다'라는 단순한 내용이 아닙니다. 이 흐름을 파악해두면 트레이딩으로 수익을 올리는 데 도움이 될 수 있으니 대략적인 흐름만이라도 확인해두시기 바랍니다.

가격 변동으로 이익을 얻으려는 단기 투자자들은 이러한 경제활동에 따른 자금 이동 사정을 잘 파악하고 그것을 이용합니다.

특히 3월부터 4월에 걸쳐 시장에 적극적으로 참여하는 사람이 늘어나는 경향이 있기 때문에 이를 놓치지 않고 기회로 삼습니다.

이 시기는 1년 중 가장 많은 시장 참여자들이 공통인식 속에서 움직이는 시기이므로, 단기 시장 참여자들은 이때 집중적으로 거래에 참여해 연간 변동폭을 최대한 활용하려는 것입니다.

SECTION 4-7 — 그 해가 '강세'인지 '약세'인지 어떻게 판단할까?

[자료 4-6]은 연간 가격 변동이 강세(상승)가 될지 약세(하락)이 될지, 그 차이가 나타나는 포인트를 보여줍니다.

닛케이지수 3월부터 6월처럼 연중 거래량이 가장 많고 시장 참여자들이 적극적으로 참여하기 쉬운 시기에 형성된 고점은, 그 해에 별다른 이슈가 없거나 전반적인 분위기가 약세일 경우 그 해의 최고점이 됩니다. 1년 중 시장 참여자들의 합의가 가장 잘 이루어지는 시점에서 급격히 상승해 형성된 고점이므로, 해당 연도의 시장 참여자들이 어지간히 적극적이지 않은 한 그 지점을 넘어서기는 당연히 어렵습니다.

1년간의 가격 변동에는 자금 이동과 관련해 반드시 주목해야 할 지점이 있습니다. 그때 형성된 고점을 넘어서는 움직임이 나타나면 그 해는 강세패턴의 해가 됩니다. 약세 또는 횡보하는 해에는 그러

[자료 4-6] 연간 주가가 '상승'인지 '하락'인지 결정하는 포인트는?

◉ 강세패턴의 해

인기가 없는 상태라면
1년 중 매수세가 가장 강한 시기의 고점

1년 중 가장 매수세가 강한
시기를 지난 후에도 상승세를 유지한다면
장기적으로 인기가 높은 상태라고
판단할 수 있다.

◉ 약세패턴의 해

인기가 없는 상태라면
1년 중 매수세가 가장 강한 시기의 고점

1년 중 매수세가 가장 강한
시기를 지난 후 상승분 대부분을 되돌리고
하락하면 이후 적극적인 매수세가
유입되는 시기의 고점을 돌파하기는 어렵다.

한 고점을 넘어서지 못합니다.

[자료 4-7]은 닛케이지수 대발회 시초가(1월 첫 거래일 시초가)와 대납회 종가(12월 마지막 거래일 종가)를 비교해, 시초가보다 종가가 높았던 해의 최저가를 기록한 달과 최고가를 기록한 달을 나타내고 있습니다.

[자료 4-7] 연간 차트가 양봉인 해의 최저가와 최고가는 언제 형성되었는가?

(1989~2015년)

출현률	1월	2월	3월	4월	5월	6월	7월	8월	9월	10월	11월	12월
연간 최고치	0%	0%	0%	13%	0%	13%	0%	6%	6%	6%	6%	46%
연간 최저치	33%	6%	6%	20%	0%	20%	6%	0%	0%	0%	6%	0%

[자료 4-8] 연간 차트가 음봉인 해의 최저가와 최고가는 언제 형성되었는가?

(1989~2015년)

출현률	1월	2월	3월	4월	5월	6월	7월	8월	9월	10월	11월	12월
연간 최고치	30%	15%	7%	15%	15%	15%	0%	0%	0%	0%	0%	0%
연간 최저치	0%	0%	0%	0%	0%	0%	0%	7%	15%	30%	15%	30%

당연한 이야기지만 연초에 연간 최저가를 기록하는 경우가 많고 연말에 연간 최고가를 기록하는 경우가 많습니다.

[자료 4-8]은 닛케이지수 대발회 시가와 대납회 종가를 비교해 시가보다 종가가 낮았던 해의 최저가를 기록한 달과 최고가를 기록한 달을 보여줍니다.

주목해야 할 포인트는 연간 최고가를 기록하는 시기입니다.

앞서 말씀드렸듯이 연간 최고가는 상승 경향이 강한 6월경까지 형성되고, 이후 6월의 고점을 경신하지 못하는 것을 알 수 있습니다.

이러한 경향을 전체로 닛케이지수 1년간 가격 변동을, 다음과 같이 세 가지 전개로 구분할 수 있습니다.

[자료 4-9] 닛케이지수 1년간 강세패턴 전개

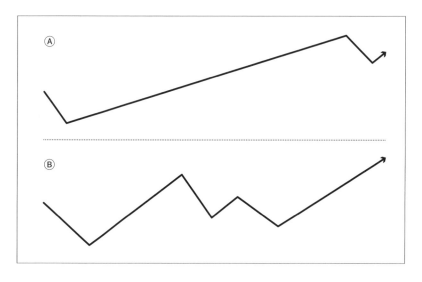

① 1년 내내 가격이 상승하는 경우(강세패턴)

② 1년 내내 가격이 하락하는 경우

③ 1년 내내 가격이 거의 횡보하는 경우

[자료 4-9]는 ①의 강세패턴인 해에 나타나는 두 가지 케이스입니다.

Ⓐ는 전년도부터 이어진 상승세를 그대로 유지하는 경우입니다.

Ⓑ는 2월, 3월에 조정을 받은 후 상승을 시작하는 경우입니다. 이 상승은 4~6월에 반등고점을 기록하지만, 이후 조정폭이 작아져서 눌림목을 형성한 후 7월 이후에도 상승을 지속합니다. 눌림목을 형성한 후 7월 이후의 상승이 6월까지 형성된 반등고점을 넘어서면, 그 해가 강세패턴의 해가 될 가능성이 커집니다.

Ⓑ패턴의 변형으로 6월까지 반등고점을 형성한 후 8~9월까지 비교적 큰 폭의 조정이 발생하는 경우도 있습니다. 하지만 이 경우에도 연초 저점보다 훨씬 높은 가격대에서 눌림목을 형성하고 9월경까지 상승을 시작합니다.

또한, 이 두 패턴의 경우 10월경에 뚜렷한 상승 흐름이 형성되면, 그 흐름이 다음해 3월 이후의 상승 흐름이 나타나기 쉬운 시기까지 지속될 가능성이 있습니다.

[자료 4-10]은 실제로 강세를 보인 2009년의 전개입니다.

6월까지 최고가인 10,170엔을 7월에 돌파하면서 강세패턴의 해가 될 것을 시사하고 있습니다.

다만 차트를 보면 6월의 고점에서 상승폭을 크게 확장하지 못한 채 연말을 맞이하고 있습니다. 7월에 강세패턴의 해가 된다는 것을 알아도 그다지 의미가 없다고 느낄 수도 있습니다.

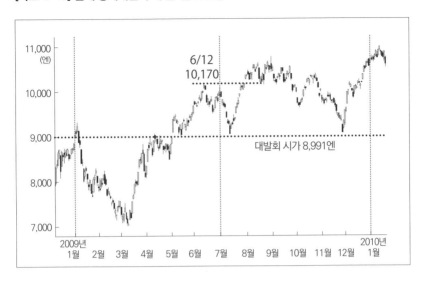

그러나 2009년이 강세패턴의 해가 될 것이라고 생각했다면 대납회 가격은 1월의 대발회 시가인 8,991엔보다 훨씬 높은 위치에서 마감될 것이라고 예상할 수 있습니다. 그렇게 본다면 9월부터 11월까지의 하락국면은 아무리 시간이 걸려도 11월경에는 멈추고 8,991엔을 크게 하회하지 않는 수준에서 눌림목을 형성할 것입니다. 이후 12월에 상승할 것으로 추측해 매수에 나설 수 있었을 것입니다.

다음 [자료 4-11]은 ②의 약세패턴 해에 나타나는 두 가지 케이스입니다.

ⓒ는 전년도의 하락세를 그대로 이어가는 경우입니다.

ⓓ는 전년도 말에 반등고점을 형성한 후 하락세를 연초까지 이어

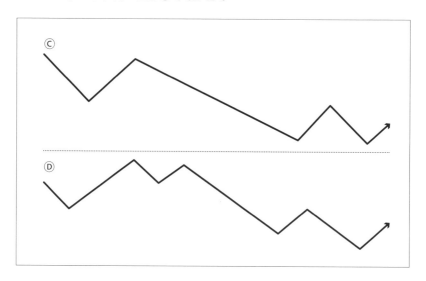

가다가 2월, 3월에 눌림목을 형성하고 상승을 시작합니다. 2월, 3월부터 시작된 상승이 4~6월에 반등고점을 형성한 후 하락하고, 이후 하락으로 연초 저점이나 2월, 3월의 저점 중 더 낮은 가격을 하향돌파하면 그해는 약세패턴이 되거나 ③의 횡보패턴이 될 가능성이 높아집니다.

연초부터 하락폭이 커지면 2월, 3월에 눌림목을 형성하고 상승을 시작하더라도 3월 이후 반등이 연초 고점을 넘어서지 못하는 경우도 있습니다.

약세패턴은 연초의 하락폭이 커지거나 6월까지 형성된 반등고점 이후의 하락폭이 커지는 것으로 알 수 있습니다.

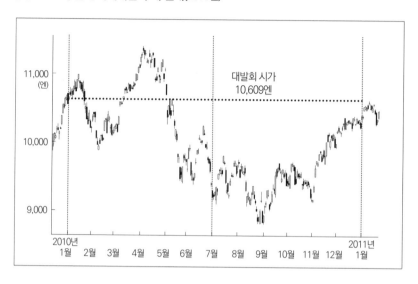

[자료 4-12]는 실제로 약세패턴의 해가 되었던 2010년의 차트입니다. 4월까지 연간 최고가를 기록한 후, 9월까지 하락세를 이어가며 저점을 탐색하는 흐름을 보여줍니다.

[자료 4-7]에서 연간 주가가 강세(연간 차트가 양봉)로 진행되는 경우, 8월까지 연간 최저가를 기록하는 경우가 대부분이었던 점을 고려하면(전반기 연간 최저가의 출현은 이후 가격이 뚜렷한 상승세를 보이는 것을 의미합니다), 2010년이 급상승을 시작할 가능성은 낮다고 할 수 있습니다. 그렇게 본다면 9월 이후의 상승은 연말까지 대발회 시가인 10,609엔을 크게 넘지 못할 것이라고 예상할 수 있습니다.

9월 시점에서 상승의 한계가 보이고 월별 변동폭도 알고 있다면 9월부터 12월까지의 전개는 몇 가지 시나리오로 좁혀질 것입니다.

다음 [자료 4-13]은 ③의 횡보패턴의 해에 나타나는 세 가지 케이스입니다.

ⓔ는 연간 차트에서는 횡보하지만 도중에 전환되는 경우입니다. 이 패턴은 전년도부터 이어진 하락세가 지속되어 4월부터 9월경까지 하락을 이어간 후, 눌림목을 형성하고 상승을 시작해 이후 연말까지 연초 고점을 넘어서는 움직임을 보입니다.

[자료 4-13] 닛케이지수 1년간 횡보패턴 전개

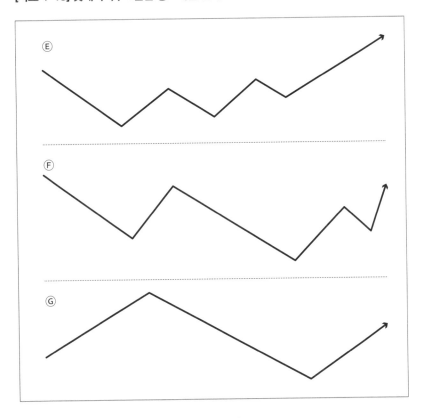

ⓕ는 연말까지의 반등폭이 연초 고점 부근까지 이르는 움직임이고, ⓖ는 연초에 상승세를 보이며 6월까지 고점을 찍은 후 하락해 연초 저점을 경신합니다. 하지만 그대로 하락하지 않고 9~11월에 눌림목을 형성한 후 다시 상승해 연말까지 연초 가격 수준을 회복하는 움직임을 보입니다.

1년의 흐름 속에서 캔들패턴을 판단한다

SECTION 4-8

다음 [자료 4-14]는 제1장부터 제4장까지의 내용을 종합해 캔들 분석 방법을 정리한 것입니다.

닛케이지수가 상승하기 쉬운 시기, 하락하기 쉬운 시기를 크게 나누어 '계절성'을 나타내고 있습니다.

연간 주가의 등락이나 각 시기의 구체적인 가격 변동은 고려하지 않고 대략적인 이미지를 그리고 있지만 몇 가지 포인트가 있습니다.

- 4월에서 6월 사이에 나타나는 캔들패턴 중 천장을 나타내는 패턴은 무시할 수 없다.
- 9월부터 3월 사이에 나타나는 캔들패턴 중 바닥 다지기를 나타내는 패턴은 눌림목 매수 기회가 될 수 있다.
- 10월부터 4월 사이에 상승이 시작될 경우, 인기와 함께 상승국면에 진입할 가능성이 있다. 이 기간의 상승국면에서는 소폭조정이나 일반조정이 나타날 것을 예상하고 미리 대비하면 눌림목 매수를 통해 효율적인 거래를 할 수 있다.

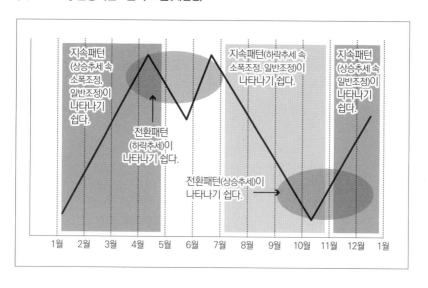

[자료 4-14] 전형적인 1년의 흐름(계절성)

[자료 4-15]는 제3장에서 설명한 조정패턴을 1년의 흐름 속에서 어떻게 판단할 것인지에 대한 예시입니다. 닛케이지수의 경우, 10월부터 4월까지의 기간에 상승추세가 형성되어 있을 때 가격이 반락한다면 먼저 소폭조정 가능성을 고려합니다. 다음으로 과거의 가격 변동폭과 유사한 수준의 일반조정이 나타날 가능성을 염두에 둡니다.

이러한 조정 없이 상승을 시작하지 못하는 경우, 상승 저항이 강한 상황이라고 판단할 수 있습니다.

또한, 상승 저항이 4월 이후에 나타난다면 반등고점을 찍고 하락하는 국면일 가능성을 고려해야 합니다.

[자료 4-15] '조정'을 어떻게 판단할 것인가?

※ 상승의 경우(하락의 경우는 대체로 반대가 된다)

구분		강한 해의 상승하기 쉬운 시기	강한 해의 하락하기 쉬운 시기	약한 해의 상승하기 쉬운 시기	약한 해의 하락하기 쉬운 시기
소 ↑ 가격폭과 기간 ↓ 대	소폭조정	○	×	△	×
	일반조정	○	△	△	×
	그 이외의 조정	×	○	△	○

○=가능성이 높다 △=가능성이 있다 ×=가능성이 낮다

제3장에서 설명했듯이 조정에는 소폭조정, 일반조정, 그리고 그 외의 조정('비인기국면'에 이르는 조정) 세 가지가 있습니다.

소폭조정과 일반조정은 추세가 지속되는 가운데 잠시 쉬어가는 것이지만, 그 외의 조정이라고 판단되는 상황이라면 그 종목을 지속적으로 주목할 필요는 없습니다. 또한, 소폭조정이나 일반조정이 아닌 조정은 반대의 계절성을 가진 시기에 나타나기 쉬운 움직임입니다.

예를 들어 그 해가 강세패턴의 해인 경우, 하락하기 쉬운 시기라도 적극적인 하락 움직임(추세)은 나타나기 어렵고, 지그재그로 시간을 들이며 불규칙하게 하락하는 움직임을 보일 수 있습니다. 이것이 '그 외의 조정'에 해당합니다.

[자료 4-14]를 보면 알 수 있듯이 7~10월에 나타나기 쉬운 움직임입니다. 적극적으로 매도하려는 세력이 적은 상황에서 인기국면으로 전환되기까지 시간이 걸릴 것이 분명할 때 나타나는 움직임이라고 할 수 있습니다.

SECTION 4-9 시기와 가격위치를 고려한 캔들차트 분석 사례 1

　　다음 [자료 4-16]은 2016년 상반기 닛케이지수 일봉 차트입니다.

　2016년은 흔치 않은 케이스입니다만, 연초부터 가격이 큰 폭으로 하락해 1월 4일 고가 18,951엔에서 2월 12일 저가 14,865엔까지 4,086엔의 하락폭을 기록했습니다.

　2월 12일 시점에서 이미 연간 하락 여력을 대부분 소진했다는 점, 그리고 3월과 4월은 통상적으로 상승하기 쉬운 시기라는 것을 감안하면 이후 추가 하락보다는 2월 12일 시점에서 저점 지지를 확인하는 움직임이 나타날 것으로 추측됩니다.

　이렇게 예상하고 있던 가운데, 2월 15일 시초가가 전날 야간 선물시장의 상승세에 힘입어 갭상승했습니다.

　시초가가 갭상승했지만 아직은 강한 하락추세 도중 나타난 일시적

인 소폭조정으로밖에 볼 수 없습니다. 하지만 12일 저점 대비 4,000
엔 이상 하락했으므로 슬슬 반등할 가능성도 염두에 두고 있는 상
황입니다.

만약 강한 하락추세가 지속된다면 12일의 시가 15,426엔 정도가
상승의 한계가 되어 장 시작 직후 바로 상승이 제한될 것으로 예상
할 수 있습니다.

[자료 4-17]은 2월 15일 닛케이지수 5분봉차트입니다. 장 시작
후 빠르게 상승해 15,500엔을 돌파했지만, 곧 상승세가 둔화되었습
니다.

15일의 상승이 하락추세 속에서 나타난 소폭조정이라면 장 시작

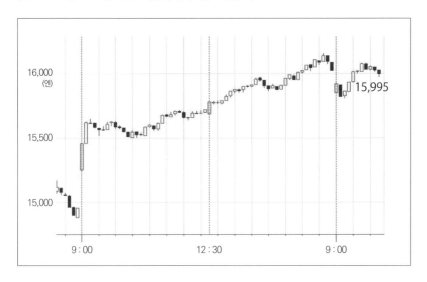

직후 15,500엔을 돌파했을 때 상승세가 둔화되어 그 시점에서 15일 최고가를 기록했습니다. 이후 종가까지 상승 저항을 받거나 장 시작 시 발생하는 갭을 메우는 흐름을 보였을 것입니다. 하지만 실제로는 10시경에 상승해 장 시작 후 고점을 돌파했으므로, 이 반등은 단순한 소폭조정이 아닐 가능성을 염두에 두어야 합니다.

  하지만 이것만 보고 이후 가격이 상승할 것이라고 단정할 수는 없습니다. 그러나 흐름의 변화는 15일 10시 이후에 알 수 있으므로, 이후 전망을 수정하고 마음의 준비를 할 수 있습니다.
  15일 상승 이후, 다음 날인 16일에는 윗꼬리를 달고 상승이 제한되는 움직임을 보입니다([자료 4-16]의 ② 참조). 적극적으로 매수하려는 세력이 15일의 상승에 만족하고 이미 이탈했다면, 이후에는 저점 지지가 약해지는(하단이 지지되지 않는) 움직임이 나타날 것으로 예상됩니다.

차트에서는 17일에 아랫꼬리를 달고 지지선을 형성한 후, 17일의 저점을 유지하며 점차 지지선을 높이는 움직임을 보이고 있습니다.

이 시점에서 16,000엔 이하 수준은 일시적인 하락 압력에 의한 것으로 보이며, 2월 12일의 저점은 당분간 깨지지 않는 지지선이 될 것으로 예상됩니다.

3월, 4월과 같이 상승하기 쉬운 시기에 접어드는 과정에서 적극적으로 저점을 낮추는 상황은 생각하기 어렵기 때문입니다.

그렇게 보면 2월 17일의 저점을 유지한 2월 24일과 3월 1일의 움직임은 추가적인 지지선 형성으로 이어질 가능성이 있습니다.

그 후 3월 말부터 4월 초에 걸쳐 가격이 크게 하락했지만, 이 하락도 이례적인 2월까지의 극단적인 하락폭과 2월 12일 이후에 보여준 지지선의 견고함, 4월의 계절성에 따른 지지를 고려하면 2월의 저점인 14,865엔을 유지하는 움직임을 보일 가능성이 높습니다.

4월 13일은 이러한 지지선을 바탕으로 상승돌파해 아일랜드 바닥 형태를 형성했으므로, 4월 8일의 저점인 15,471엔이 지지선이 되어 다시 상승을 시도하는 움직임을 보일 것으로 예상됩니다.

이 예에서 볼 수 있듯이, 과거 강하게 지지선 역할을 했던 가격대는 거래량이 많았던 곳이 아니라 짧은 기간 동안 빠르게 특정 방향으로 움직였던 곳입니다. 가격이 반전되는 지점을 찾고 싶다면 우선

그런 곳을 찾아야 합니다.

그리고 반전 후에는 소폭조정 범위 내의 움직임인지 아닌지를 확인하면 이때 나타나는 반전 신호를 더욱 신뢰할 수 있게 됩니다.

이러한 관점의 배경에는 SECTION 4-8에서 설명한 계절성(상승하기 쉬운 시기, 하락하기 쉬운 시기)과 캔들의 전환패턴(제2장), 지속패턴(제3장)의 발생 빈도가 높다는 점이 있습니다. 그 포인트를 잘 이해하면 자신만의 신뢰할 만한 근거를 더욱 단단히 쌓아나갈 수 있습니다.

시기와 가격위치를 고려한 캔들차트 분석 사례 2

[자료 4-18]은 2016년 6월부터 2017년 5월까지 닛케이 지수의 움직임을 나타냅니다.

자료의 점선으로 둘러싸인 기간은 SECTION 4-8에서 언급한 닛케이지수가 상승하기 쉬운 시기입니다.

2017년 3월 2일 이후 가격이 하락하고 있습니다. 이 하락은 기간과 가격 변동폭 모두 크지만 3월과 4월이라는 시기를 고려하면 이전 조정시기였던 2016년 11월 1일부터 9일까지의 하락폭과 비슷한 수준에서 지지를 받을 가능성이 있습니다.

이 시기는 인기국면에서 나타나는 일반조정일 가능성을 우선적으로 고려해야 하기 때문입니다.

2016년 11월 1일 이후의 하락폭은 1,362엔입니다.

2017년 3월 고점에서 1,362엔을 빼면 18,306엔이 지지선의 기준

[자료 4-18] 2016년 6월~2017년 5월 닛케이지수 일봉차트

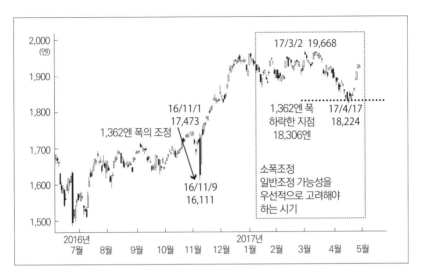

이 됩니다. 3월부터 시작된 하락은 몇몇 지지선을 형성할 것으로 예상되는 지점이 있지만, 설령 그 지점들을 모두 하향돌파하더라도 18,306엔 부근에서 지지를 받고 상승을 시작할 가능성을 염두에 두어야하는 시기입니다.

다음 [자료 4-19]는 4월 17일에 지지선을 형성한 지점 부근의 가격 움직임을 확대해 보여주고 있습니다.

만약 가격이 하락추세를 이어간다면 4월 18일의 고점에서 저항을 받아 19일 이후 또는 20일 이후에 하락추세를 형성할 것으로 예상됩니다. 이전의 하락세가 그러한 움직임을 보여줍니다.

하지만 그렇게 되지 않고 21일에 가격이 상승돌파하면, 4월 17일

의 저점이 지지선 바닥이 될 가능성을 생각해볼 수 있습니다. 또한, 21일에는 상승돌파로 인해 캔들패턴이 '아일랜드갭'(SECTION 1-7 참조) 형태를 나타내고 있습니다.

가격 변동을 주의 깊게 살펴보면 21일 이전에 이러한 변화를 감지할 수도 있습니다. 하락세가 계속되면 19일이나 20일 야간 거래에서 선물 가격이 한층 더 하락할 것을 예상할 수 있기 때문입니다. 따라서 20일 야간 거래에서 선물 가격이 상승했을 때, 21일을 기다리지 않고도 흐름이 바뀌었음을 추측할 수 있습니다.

[자료 4-20]은 2016년 6월부터 2017년 5월까지 달러/엔 환율의 움직임을 보여줍니다.

달러/엔 환율은 2016년 12월 15일부터 엔화 강세 방향으로 움직이고 있습니다.

만약 이전과 비슷한 조정폭을 기준으로 삼는다면, 2016년 12월부터 시작된 엔화 강세 흐름은 일반조정 범위 내에서 움직이며, 110.76엔 전후에서 멈출 것으로 보입니다.

그러나 달러/엔 환율은 상반기에 방향성이 없는 경우가 많기 때문에 특별히 일반조정이라고 강하게 단정할 수 있는 시기는 아닙니다. [자료 4-18]의 닛케이지수와 비교했을 때 달러/엔 환율이 같은 시기에 엔화 강세를 오랫동안 이어간 이유는, 각각의 계절적 요인 차이가 영향을 미쳤다고 생각할 수 있습니다.

제5장

손실을 최소화하는
구체적인 투자 방법

전환점을 확인하고 매수할 것인가? 전환점이 될 것을 전제로 매수할 것인가?

캔들의 전환패턴이나 지속패턴을 알아두어야 하는 이유는 그러한 캔들의 형태가 나타난 지점을 매매 진입 시점으로 활용하고 싶기 때문입니다.

구체적인 매매 방법을 생각할 때 결정해야 할 사항은, 다음 둘 중 어느 쪽을 택할 것인가입니다.

• 반전 신호가 나타난 것을 확인한 후 진입할 것인가?
• 반전 신호가 나타날 가능성을 고려해 매매에 진입할 것인가?

가격위치나 시기에 따라 전환패턴이나 지속패턴이 출현할 가능성을 사전에 고려할 수 있다는 것은 여기까지 이 책을 읽었다면 이해하셨을 겁니다.

일반적으로는 신호가 나타난 후 진입하면 되지만, 그럴 경우 신호가 잘못되었다는 판단을 내릴 수 있을 때까지 가격 변동폭이 커지는 것이 단점입니다(판단이 잘못되었을 때 손실이 커집니다).

전환패턴의 경우, 장대양봉이나 장대음봉 출현이 반전 신호가 되는 경우가 많습니다. 따라서 장대양봉만큼 가격 변동이 발생해야 비로소 신호가 잘못되었음을 판단할 수 있습니다.

흔히 '5% 하락하면 반드시 손절할 것'이라는 말이 있는데, 이는 단순한 규칙이 아니라 시스템적으로 매매를 시뮬레이션한 결과, 통계적으로 손절 기준을 어디에 두어야 이익을 극대화할 수 있는지 고려한 것입니다.

주관적인 판단으로 매매할 때, 손실이 5%를 넘었다고 해서 무조건 청산하는 것이 항상 최선의 선택은 아닙니다. 아직 반전 상승 신호를 보이는 강세가 남아있는 상황이라면 가격이 오를 경우 다시 매수할 수밖에 없습니다.

따라서 이 책에서는 손절 규칙을 일률적으로 제시하는 대신, 그때그때 캔들패턴이나 시장의 흐름 등을 종합적으로 고려해 판단하는 것을 전제로 이야기를 진행하겠습니다.

이러한 전제하에, 장대양봉이나 장대음봉의 가격 변동폭에 상응하는 손실을 감수하고 신호가 나온 후에 매매를 시작하는 경우, 손절 시 손실 폭은 커집니다. 하지만 추세를 확인한 후 거래를 시작하기 때문에 신호의 신뢰성은 높아진다고 생각하기 쉽습니다.

하지만 그것은 착각입니다.

캔들패턴이 보여주는 신호는 상황을 좁혀 확률을 높이는 데 도움을 줄 수는 있지만, 반드시 예측대로 흘러간다는 보장은 없습니다. 장기적인 예측은 시간이 지날수록 정확도가 높아집니다. 반면, 단기적인 가격 변동은 예측이 맞더라도 예상치 못한 상황이 발생하는 등 속임수에 넘어가는 경우가 많습니다. 단기적인 움직임을 예상하고 매매를 시작하더라도 항상 실패할 가능성을 염두에 두고 대비해야 합니다. 실제 투자에서는 손실을 최소화하는 거래가 결과적으로 더 많은 이익을 남길 수 있습니다.

투자 자금이 극단적으로 줄어들면 점점 손실을 선택하게 되는 경험을 해본 분들이 많을 것입니다. 손실이 커지면 가격 변동을 객관적으로 판단하지 못하고, 손실의 크기에 감정이 휘둘려 판단 기준이 흐려지면서 결국 처음 생각과는 다른 행동을 하게 됩니다. 스스로 자신의 행동을 제어하지 못하고, 결국 자신의 예측을 스스로 배반하게 되는 것입니다.

제1장에서 소개한 '상장삼매전'에서 '잡욕을 버려라'라는 부분은 중요합니다. 손익을 전혀 신경 쓰지 않고 객관적으로 판단할 수 있다면, 이 책의 내용을 아는 것만으로도 충분히 성공적인 투자를 할 수 있습니다. 하지만 현실적으로 인간은 심리적인 약점을 지니고 있습니다.

따라서 이 장에서는 인간의 심리적인 약점을 전제로 전환패턴이나 지속패턴이 나타날 것을 예측하고 진입함으로써 손실 폭을 줄이는 방법을 설명하겠습니다.

하루 동안의
캔들 움직임

다음 [자료 5-1]부터 [자료 5-4]까지는 닛케이지수의 하루 동안의 움직임을 보여줍니다.

[자료 5-1]은 양봉으로 마감한 날의 30분 간격 움직임을 나타냅니다. 9시, 9시 30분, 10시, 각 시간의 첫 가격을 시가로, 시가 대비 30분 동안의 변동폭 평균값을 기준으로 캔들을 작성했습니다.

이 자료를 보면 양봉으로 마감하는 날은 모든 시간대에서 안정적인 흐름을 보이는 경우가 많습니다. 장 시작 직후 변동폭이 가장 크며, 9시부터 10시경까지 변동성이 커지는 시간대가 이어집니다. 오후에는 13시 30분부터 장 마감까지 변동성이 커지는 경향이 있습니다.

[자료 5-2]는 양봉으로 마감한 날, 그날 최고가와 최저가를 기록한 시간대를 보여줍니다.

이 자료를 보면 양봉으로 마감하는 날은 10시까지 70% 확률로 그

[자료 5-1] 일봉이 양봉으로 마감한 날의 시간대별 움직임

(2015년 3월 19일~2017년 2월 9일)

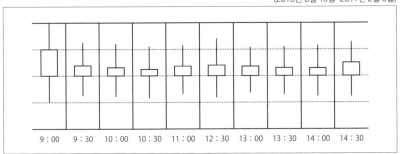

| | 9 : 00 | 9 : 30 | 10 : 00 | 10 : 30 | 11 : 00 | 12 : 30 | 13 : 00 | 13 : 30 | 14 : 00 | 14 : 30 |

[자료 5-2] 일봉이 양봉으로 마감한 날의 최고가·최저가 시간대

(2015년 3월 19일~2017년 2월 9일)

출현률	9 : 00~	9 : 30~	10 : 00~	10 : 30~	11 : 00~	12 : 30~	13 : 00~	13 : 30~	14 : 00~	14 : 30~
최고가	4%	3%	4%	5%	4%	11%	6%	8%	14%	37%
최저가	60%	10%	7%	6%	5%	4%	2%	–	2%	–

날의 최저가를 기록합니다. 최고가를 기록하는 시간대는 오후 개장 직후나 14부터 장 마감까지의 시간대가 많습니다.

이를 종합해보면 양봉으로 마감하는 날은 장 시작 후 상승폭이 커지고 그 후 견고하게 추세를 유지하며 결과적으로 양봉으로 마감한다는 것을 알 수 있습니다.

10시 30분이 지나도 하락세가 계속된다면 음봉으로 마감할 가능성이 높습니다(아랫꼬리를 달더라도 종가가 시가 이하이거나 장 마감까지 하락세 지속).

[자료 5-3]은 음봉으로 마감한 날의 30분 간격 움직임을 보여줌

[자료 5-3] 일봉이 음봉으로 마감한 날의 시간대별 움직임

(2015년 3월 19일~2017년 2월 9일)

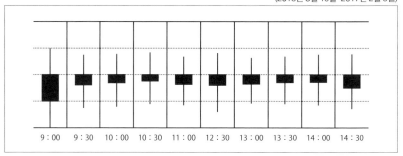

9 : 00 9 : 30 10 : 00 10 : 30 11 : 00 12 : 30 13 : 00 13 : 30 14 : 00 14 : 30

[자료 5-4] 일봉이 음봉으로 마감한 날의 최고가·최저가 시간대

(2015년 3월 19일~2017년 2월 9일)

출현률	9 : 00~	9 : 30~	10 : 00~	10 : 30~	11 : 00~	12 : 30~	13 : 00~	13 : 30~	14 : 00~	14 : 30~
최고가	59%	8%	8%	4%	7%	6%	1%	–	–	1%
최저가	6%	5%	6%	6%	5%	10%	6%	11%	9%	33%

니다. 음봉으로 마감하는 날은 장 시작 직후 하락폭이 커지는 경향이 있으며 그 외에도 오전장 마감 전, 오후장 시작 후, 장 마감 직전에도 하락하기 쉬운 경향을 보입니다. 종일 약세 흐름이 이어집니다.

[자료 5-4]는 음봉 마감일의 최고가와 최저가를 기록한 시간대를 보여줍니다. 이 자료를 보면 음봉 마감일은 양봉 마감일과 반대로 개장 직후 크게 하락한 후 약세를 유지하는 경향이 있습니다.

양봉 마감일은 장 마감까지 안정적인 흐름을 유지하는 경우가 많아 보이지만, 음봉 마감일은 오후 개장 직후 눌림목을 형성하고, 그 후 비교적 하락폭이 제한적인 움직임을 보이는 경우도 눈에 띕니다.

10시까지의 움직임으로
하루의 움직임을 예상할 수 있다

SECTION
5-3

[자료 5-5]부터 [자료 5-9]까지는 닛케이지수의 시초 가부터 일정 시간 경과 후의 가격 변동을 추적해 이후 가격이 어떻게 움직였는지 확률로 나타낸 것입니다.

이해하기 조금 어려울 수 있으니 [자료 5-5]의 9시부터 10시까지의 가격 변동을 순차적으로 살펴보겠습니다.

중심의 0지점이 시초가입니다.

시초가에서 가격이 상승하거나 하락하는 경우의 가격폭을 25엔 단위로 구분하고 있습니다.

9시부터 10시까지 시간대에 시초가에서 일단 20엔 상승 후, 10시까지 30엔 하락했다고 가정해봅시다.

이 경우 하락폭(30엔)이 더 크기 때문에 '-25.01엔에서 -50엔'에

[자료 5-5] 장 시작 후 10시까지의 가격 변동과 그날의 음양 확률

(2015년 3월 19일~2017년 2월 9일)

변동폭	양봉 마감확률				음봉 마감확률			
	+확률		-확률		+확률		-확률	
225.01 이상	12/13	92%			1/13	8%		
200.01~225	4/4	100%			0/4	0%		
175.01~200	6/7	86%			1/7	14%		
150.01~175	12/15	80%			3/15	20%		
125.01~150	10/15	67%			5/15	33%		
100.01~125	20/25	80%	0/3	0%	5/25	20%	3/3	100%
75.01~100	27/36	75%	2/3	67%	9/36	25%	1/3	33%
50.01~75	27/50	54%	1/6	17%	23/50	46%	5/6	83%
25.01~50	25/42	60%	10/18	56%	17/42	40%	8/18	44%
0.01~25								
-25~0			0/3	0%			3/3	100%
-50~-25.01	11/14	79%	10/30	33%	3/14	21%	20/30	67%
-75~-50.01	6/7	86%	16/48	33%	1/7	14%	32/48	67%
-100~-75.01	4/6	67%	14/36	39%	2/6	33%	22/36	61%
-125~-100.01	1/1	100%	7/23	30%	0/1	0%	16/23	70%
-150~-125.01			2/14	14%			12/14	86%
-175~-150.01	1/1	100%	0/8	0%	0/1	0%	8/8	100%
-200~-175.01	2/3	67%	0/8	0%	1/3	33%	8/8	100%
-225~-200.01			1/9	11%			8/9	89%
-225.01 이하			1/15	7%			14/15	93%

[자료 5-6] 장 시작 후 11시까지의 가격 변동과 그날의 음양 확률

(2015년 3월 19일~2017년 2월 9일)

변동폭	양봉 마감확률				음봉 마감확률			
	+확률		-확률		+확률		-확률	
225.01 이상	21/23	91%			2/23	9%		
200.01~225	7/10	70%			3/10	30%		
175.01~200	12/13	92%	11	100%	1/13	8%	0/1	0%
150.01~175	12/14	86%	0/2	0%	2/14	14%	2/2	100%
125.01~150	15/22	68%	0/1	0%	7/22	32%	1/1	100%
100.01~125	22/29	76%	1/4	25%	7/29	24%	3/4	75%
75.01~100	24/32	75%	3/6	50%	8/32	25%	3/6	50%
50.01~75	26/38	68%	6/13	46%	12/38	32%	7/13	54%
25.01~50	13/22	59%	5/9	56%	9/22	41%	4/9	44%
0.01~25								
-25~0								
-50~-25.01	10/16	62%	5/12	42%	6/16	38%	7/12	58%
-75~-50.01	4/6	67%	15/37	41%	2/6	33%	22/37	59%
-100~-75.01	3/5	60%	7/31	23%	2/5	40%	24/31	77%
-125~-100.01	2/3	67%	6/25	24%	1/3	33%	19/25	76%
-150~-125.01	2/3	67%	3/15	20%	1/3	33%	12/15	80%
-175~-150.01	1/1	100%	1/13	8%	0/1	0%	12/13	92%
-200~-175.01	1/1	100%	1/12	8%	0/1	0%	11/12	92%
-225~-200.01			0/16	0%			16/16	100%
-225.01 이하	1/1	100%	2/27	7%	0/1	0%	25/27	93%

캔들을 알고 차트를 읽으면 주식 시장이 보인다

[자료 5-7] 장 시작 후 12시까지의 가격 변동과 그날의 음양 확률

(2015년 3월 19일~2017년 2월 9일)

변동폭	양봉 마감확률				음봉 마감확률			
	+확률		−확률		+확률		−확률	
225.01 이상	26/28	93%			2/28	7%		
200.01~225	6/9	67%			3/9	33%		
175.01~200	18/20	90%	2/3	67%	2/20	10%	1/3	33%
150.01~175	10/11	91%	0/1	0%	1/11	9%	1/1	100%
125.01~150	15/23	65%	1/1	100%	8/23	35%	0/1	0%
100.01~125	19/25	76%	1/3	33%	6/25	24%	2/3	67%
75.01~100	26/34	76%	1/3	33%	8/34	24%	2/3	67%
50.01~75	24/33	73%	5/11	45%	9/33	27%	6/11	55%
25.01~50	15/22	68%	4/7	57%	7/22	32%	3/7	43%
0.01~25								
−25~0								
−50~−25.01	7/10	70%	4/13	31%	3/10	30%	9/13	69%
−75~−50.01	8/9	89%	9/28	32%	1/9	11%	19/28	68%
−100~−75.01	4/6	67%	8/27	30%	2/6	33%	19/27	70%
−125~−100.01	2/4	50%	4/28	14%	2/4	50%	24/28	86%
−150~−125.01	2/3	67%	4/20	20%	1/3	33%	16/20	80%
−175~−150.01			2/18	11%			16/18	89%
−200~−175.01			2/13	15%			11/13	85%
−225~−200.01	0/1	0%	0/12	0%	1/1	100%	12/12	100%
−225.01 이하	1/1	100%	2/36	6%	0/1	0%	34/36	94%

[자료 5-8] 장 시작 후 13시까지의 가격 변동과 그날의 음양 확률

(2015년 3월 19일~2017년 2월 9일)

변동폭	양봉 마감확률				음봉 마감확률			
	+확률		−확률		+확률		−확률	
225.01 이상	34/38	89%			4/38	11%		
200.01~225	12/15	80%			3/15	20%		
175.01~200	19/20	95%	1/1	100%	1/20	5%	0/1	0%
150.01~175	14/16	88%	1/1	100%	2/16	12%	0/1	0%
125.01~150	20/28	71%			8/28	29%		
100.01~125	19/23	83%	1/5	20%	4/23	17%	4/5	80%
75.01~100	24/27	89%	1/5	20%	3/27	11%	4/5	80%
50.01~75	23/31	74%	3/9	33%	8/31	26%	6/9	67%
25.01~50	10/13	77%	1/5	20%	3/13	23%	4/5	80%
0.01~25								
−25~0								
−50~−25.01	3/3	100%	3/8	38%	0/3	0%	5/8	62%
−75~−50.01	6/10	60%	9/23	39%	4/10	40%	14/23	61%
−100~−75.01	4/4	100%	5/23	22%	0/4	0%	18/23	78%
−125~−100.01	3/4	75%	2/26	8%	1/4	25%	24/26	92%
−150~−125.01	3/4	75%	5/23	22%	1/4	25%	18/23	78%
−175~−150.01	2/2	100%	0/20	0%	0/2	0%	20/20	100%
−200~−175.01			1/14	7%			13/14	93%
−225~−200.01			1/17	6%			16/17	94%
−225.01 이하	1/1	100%	1/44	2%	0/1	0%	43/44	98%

[자료 5-9] 장 시작 후 14시까지의 가격 변동과 그날의 음양 확률

(2015년 3월 19일~2017년 2월 9일)

변동폭	양봉 마감확률				음봉 마감확률			
	+확률		-확률		+확률		-확률	
225.01 이상	46/47	98%	1/4	25%	1/47	2%	3/4	75%
200.01~225	11/13	85%	0/1	0%	2/13	15%	1/1	100%
175.01~200	20/21	95%	1/1	100%	1/21	5%	0/1	0%
150.01~175	13/13	100%	0/2	0%	0/13	0%	2/2	100%
125.01~150	22/23	96%	1/7	14%	1/23	4%	6/7	86%
100.01~125	16/21	76%	1/5	20%	5/21	24%	4/5	80%
75.01~100	22/25	88%	0/4	0%	3/25	12%	4/4	100%
50.01~75	27/31	87%	2/8	25%	4/31	13%	6/8	75%
25.01~50	4/7	57%	2/5	40%	3/7	43%	3/5	60%
0.01~25								
-25~0								
-50~-25.01	1/1	100%	1/5	20%	0/1	0%	4/5	80%
-75~-50.01	7/10	70%	7/19	37%	3/10	30%	12/19	63%
-100~-75.01	7/7	100%	1/16	6%	0/7	0%	15/16	94%
-125~-100.01	3/5	60%	3/25	12%	2/5	40%	22/25	88%
-150~-125.01	2/3	67%	3/24	12%	1/3	33%	21/24	88%
-175~-150.01	2/2	100%	2/21	10%	0/2	0%	19/21	90%
-200~-175.01			1/14	7%			13/14	93%
-225~-200.01	0/2	0%	1/18	6%	2/2	100%	17/18	94%
-225.01 이하	2/2	100%	0/51	0%	0/2	0%	51/51	100%

해당한다고 볼 수 있습니다.

'+확률'은 1-시 시점에서 가격위치가 시가보다 높은 경우이며, '-확률'은 10시 시점에서 가격위치가 시가보다 낮은 경우입니다.

예를 들어 시가에서 20엔 상승한 후 시가에서 30엔 하락을 거쳐 10시 시점에 시가보다 가격위치가 낮으면 '-확률' 항목의 '-25.01엔에서 -50엔' 부분을 봅니다.

그러한 움직임을 보인 날은 게재 기간 중 30회였고, 그중 10회 (33.3%)는 양봉으로 마감했습니다.

한편 장 시작 시점에서 '-25.01엔에서 -50엔' 범위로 하락했다가 10시까지 가격을 회복해 10시 시점에서 시초가보다 높은 가격위치에 있었던 날은 14회였으며, 그중 11회(79%)가 양봉으로 마감했습니다.

장 시작 직후 일시적으로 하락하는 경우는 빈번하게 발생합니다. 이 경우 10시까지 가격을 회복하느냐에 따라 그날 양봉으로 마감할 확률이 크게 달라지는 것을 알 수 있습니다.

특히 시초가 대비 50엔 이상 하락한 경우, 10시 시점에서 시가를 넘어서는 경우는 드뭅니다.

만약 그만큼 상승한다면 양봉으로 마감할 확률이 높아지지만, 대부분 시초가에서 50엔 하락한 경우에는 음봉으로 마감하는 경향이 있습니다.

시간별 가격 변동을 분석하면, '다음 한 시간 동안 어떤 움직임이 나타나야만 당일 예상했던 결과와 부합하는지, 또는 벗어나는지'를 예측할 수 있습니다.

이러한 수치를 미리 알고 있으면 그날의 가격 변동 속에서 양봉으로 마감할 확률이 거의 없어도 '아직 모른다'라고 쓸데없이 고민하는 일이 줄어듭니다. 냉정하게 물러설지 나아갈지 판단할 수 있게 됩니다.

그날 구체적으로 어떻게
전략을 세울 것인가?

[자료 5-1]부터 [자료 5-9]까지의 데이터를 잘 활용하면 '하루 중 공략해야 할 시점'을 대략적으로 판단할 수 있습니다. 또한, 지금까지 설명한 캔들패턴과 그 배경에 있는 움직임을 함께 이해하면 매매 포인트, 손절 위치를 날짜, 시간대, 가격폭까지 세세하게 결정할 수 있습니다.

하락하던 가격이 언제 반등해 상승하기 시작할지는 사전에 알 수 없습니다.

그러나 곧 전환패턴이 나타날 것 같다는 사실을 어렴풋이 알고 있다고 가정해봅시다(시기와 가격위치 등으로 판단).

추세가 전환되는 시점에는 구체적인 캔들패턴이 나타납니다. 보통 장대양봉이나 아랫꼬리가 긴 캔들이 나타나는 것이 일반적입니다.

예를 들어 곧 반등을 시작할 것 같은 상황에서 시초가가 크게 하락했다면, 그날 캔들패턴이 반전 신호를 나타낼 경우 당연히 전날 가격 위치에서 그날 상승해야 할 가격폭을 추측할 수 있습니다.

장대양봉이 나타날 것으로 예상된다면 시초가 이후 바로 상승하는 흐름이 나타나야 합니다, 따라서 이러한 움직임을 사전에 예상해 매매를 시작하고, 그렇지 않으면 청산하고, 순조롭게 상승하면 보유 포지션을 유지하며 거래를 하면 됩니다. 또는 강한 상승세가 지속될 것으로 예상되는 상황에서 오전 중 하락폭이 커진다면, 아랫꼬리가 긴 캔들이 나타나는 경우와 그렇지 않은 경우를 상정해 매매시점을 결정하고, 예상대로 진행되지 않으면 포지션을 정리하면 됩니다.

경마와 주식 시장의 다른 점은 경마는 말이 달리기 전에 배팅해야 하지만 주식 시장은 제4코너를 앞서나가는 말을 확인한 후에 배팅할 수 있다는 것입니다.

사람이 만드는 미래는 어느 정도 예측할 수 있습니다. 물론 완전히 정확하게 예측하는 것은 불가능하지만 때로는 알 수 있을 때가 있습니다.

그때 예측대로 진행될 것을 전제로 시장에 대응하고, 결과적으로 이익을 얻고, 예측이 빗나갔을 때는 담담하게 손절합니다. 이러한 과정을 반복하다 보면 자연스럽게 이익을 남길 수 있을 것입니다.

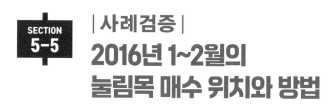

| 사례검증 |
2016년 1~2월의
눌림목 매수 위치와 방법

다음 [자료 5-10]은 제4장 SECTION 4-9에도 게재했던 차트입니다. 2월까지 4,000엔 이상의 하락이 있었고 연간 하락폭의 한계로 여겨지는 지점까지 하락했으므로 매수를 고려해볼 만한 상황입니다.

SECTION 4-9에서는 2월 15일 장대양봉이 나타남으로써 2월 12일의 저점이 최저점이 될 가능성이 있다고 말씀드렸습니다.

그리고 이번 장에서는 '최저점이 될 가능성이 있는 지점을 예상했다면 그날 전환패턴이 나타날 것을 전제로 미리 매수를 시작해야 손실을 줄일 수 있고, 인간의 심리적 약점을 보완하는 효과적인 매매전략이 될 수 있다'라고 설명했습니다.

최저점이 될 가능성이 있는 지점이 어디인지 생각해본다면(이것은 결과론이 아니라 당일 그날의 주가 움직임 속에서 판단해야 합니다),

[자료 5-10] 어디서 눌림목 매수를 할 것인가?

2월 9일은 이전의 저점 부근까지 급락한 지점, 2월 10일은 이전 저점을 하향돌파한 지점, 2월 12일은 4,000엔 하락폭에 도달한 지점이 됩니다.

어느 날을 보더라도 지지선 바닥을 찍을 것으로 예상된다면 매수를 하고 싶어질 것입니다. 매수한다면 당연히 매수 직후부터 손절을 고려해야 합니다.

다음은 [자료 5-1]부터 [자료 5-9]까지의 데이터를 바탕으로 낮시간 동안 어느 지점에서 매매하는 것이 좋을지에 대한 하나의 제안이며, 이것이 최선이라는 의미는 아닙니다.

결국 어디에서 매수하든 기댓값 자체는 변하지 않으므로(손익의 폭은 변합니다), 자신만의 납득할 수 있는 규칙을 만들어 전략을 세우는 것이 좋습니다.

자신만의 규칙이 있는 것은 거래를 지속하기 위해 매우 중요한 일입니다. 따라서 겉멋을 부리기보다는 자신이 실제로 실행할 수 있는 규칙을 만드는 것이 좋습니다.

이번 제안에서 판단의 근거로 삼은 것은 다음과 같습니다.

- 양봉으로 마감될 경우 10시까지의 저가가 최저가가 될 확률이 70%이며, 음봉으로 마감될 경우 10시까지의 고가가 최고가가 될 확률이 67%다.
- 반전 상승이 시작될 때는 극단적으로 아랫꼬리가 긴 캔들이 나타나거나 양봉으로 마감하며 장대양봉을 만드는 경우가 많다.

장대양봉이 나타날 때만 매수하는 것이 규칙이라면, 단순히 10시까지 고점을 돌파할 때 매수하고 10시까지 저점을 하향돌파할 때 청산하면 됩니다.

다음 [자료 5-11]부터 [자료 5-14]까지는 2월 9일부터 15일까지 각 날짜의 5분봉차트입니다.

차트를 살펴보자면, 앞서 언급한 규칙대로 매매할 경우 2월 15일에 15,644엔을 넘었을 때만 매수할 수 있습니다. 그리고 이날 손절라인은 15,243엔을 하향돌파한 지점이 됩니다.

다시 [자료 5-10]을 보면 2월 15일에 매수한 지점은 이후 시장 참여자들이 강력한 지지선으로 인식하는 움직임을 보입니다.

[자료 5-11] 2월 9일 5분봉차트

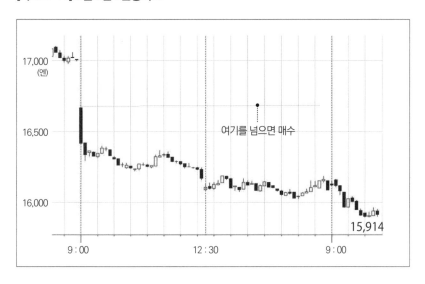

17,000
(엔)

여기를 넘으면 매수

16,500

16,000

15,914

9 : 00   12 : 30   9 : 00

[자료 5-12] 2월 10일 5분봉차트

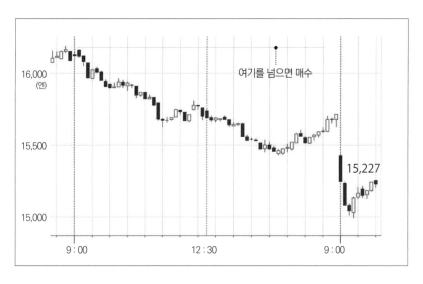

16,000
(엔)

여기를 넘으면 매수

15,500

15,227

15,000

9 : 00   12 : 30   9 : 00

[자료 5-13] 2월 12일 5분봉차트

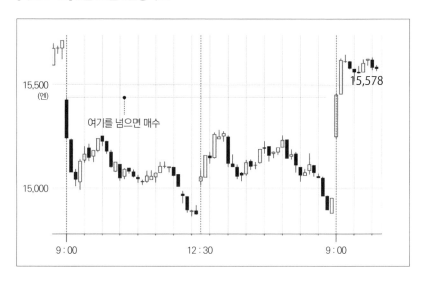

[자료 5-14] 2월 15일 5분봉차트

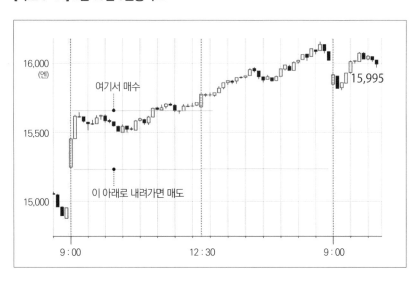

캔들을 알고 차트를 읽으면 주식 시장이 보인다

손절라인으로 설정했던 15,243엔을 2월 15일 이후에도 유지한 경우, 6월에 가격이 급락하기 전까지 손절매 없이 가격이 유지되었음을 확인할 수 있습니다.

[자료 5-15]와 [자료 5-16]은 [자료 5-10]의 차트 중 2월 17일과 3월 1일의 5분봉차트입니다. 2월 17일은 반전 후 첫 번째 눌림목을 형성한 날입니다.

17일의 저가는 시가보다 400엔 이상 하락한 지점이며, 장대양봉을 기록한 15일의 가격 변동폭 절반 정도까지 조정을 받았습니다. 이미 상승추세에 진입했다고 본다면 이날의 저가가 지지선이 되어 다시 상승을 시작할 것이라고 예상할 수 있습니다.

이때 매매 방법으로는, 다음 세 가지를 생각해볼 수 있습니다.

① 10시경까지 형성된 고점 16,214엔을 돌파하면 매수한다.
② 오전 중 평균적인 하루 변동폭을 기준으로, 그 변동폭 이상으로 하락한 후 형성된 눌림목에서 매수한다.
③ 14시경까지 형성된 저점에서 매수한다.

②와 ③의 경우, 하락 후 아랫꼬리가 나타날 경우 오전 중에 눌림목을 형성하고 오후에 상승하는 패턴이 자주 나타나며, 음봉으로 마감할 때는 14시 이후 최저가를 기록하는 경우(장 마감까지 약세가 이어지는)가 많다는 데이터([자료 5-4] 참조)를 기준으로 삼았습니다.

[자료 5-15] 2월 17일 5분봉차트

[자료 5-16] 3월 1일 5분봉차트

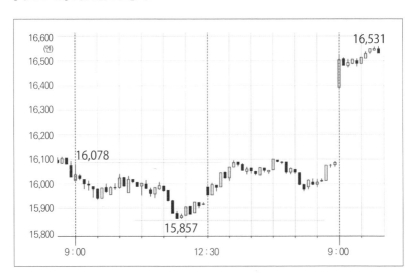

캔들을 알고 차트를 읽으면 주식 시장이 보인다

매수 시에는 눌림목으로 예상한 지점이 손절매 기준이 됩니다.

2월 17일에는 오전 중 눌림목에서 매수 후 오전 저점을 하회하는 시점에 매도했습니다.

하지만 여기서 포기해서는 안 됩니다.

어느 정도 시간을 두고 몇 가지 눌림목 매수 조건을 설정한 후, 매수를 원하는 날에는 그 조건을 충족할 때 매수를 시작해야 합니다.

조건을 충족하는 것은 곧 손절매 지점을 미리 설정하는 것을 의미하며, 이를 통해 매수 시점에서 성공 가능성이 높은 패턴을 선별할 수 있습니다.

다만 자신이 선별한 패턴이 합리적일수록 다른 사람들도 같은 생각을 할 가능성이 있습니다. 그 결과 특정 지점에서 대량의 주문이 발생해 그 지점이 공격받기 쉽고, 결국에는 대부분 손절매로 이어집니다.

따라서 손절매를 설정하고 매수할 때는 당연히 손절매 가능성을 염두에 두고 손실을 최소화할 수 있는 지점에 설정할 필요가 있습니다.

그리고 이러한 거래를 할 경우, 하루 동안에도 시간차를 두고 여러 번 시도해야합니다.

손절매가 발생하더라도 눌림목으로 예상되는 날에는 장 마감까지 반등할 가능성이 남아 있습니다.

특히 ③은 음봉으로 마감하는 경우 장 마감까지 하락하는 경향이 강하므로, 만약 아랫꼬리가 나타난다면 14시까지 저점이 눌림목이 될 가능성을 고려해야합니다.

아랫꼬리가 나타나는 경우, 14시까지의 저점이 눌림목이 되어 장 마감까지 상승할 가능성이 높습니다.

따라서 14시까지의 저점을 눌림목으로 간주하고 매수합니다. 14시 이후에도 가격이 상승하지 않으면 청산하고, 14시 이후에 가격이 상승하면 다음 영업일(선물의 경우 야간)까지 보유하며 추가 상승 여부를 지켜봅니다.

전부 잃어도 상관없을 정도의 금액으로 거래하며 자신을 믿고 기다리거나, 앞서 말한 것처럼 눌림목으로 예상되는 지점에서 여러 번 반복 거래를 하거나(예상대로 상승하지 않으면 즉시 정리하거나, 손실이 거의 발생하지 않는 지점을 손절매 기준으로 설정해 거래 시작) 둘 중 하나가 될 것입니다.

2월 17일은 13시 30분경에 눌림목을 형성한 후, 장 마감까지 눌림목 대비 200엔 정도 가격을 회복했습니다. 매수 가격에 따라 다르지만 앞서 언급한 규칙대로라면 보유 포지션을 유지할 수 있습니다.

3월 1일은 저점을 높이며 횡보하는 중 세 번째 눌림목을 형성하는 움직임으로, 눌림목 확인 후 상승을 시작할 가능성이 있습니다.

11시에 시가 대비 156엔 하락한 15,857엔에서 눌림목을 형성했습니다.

상승추세의 횡보구간이라면 2월 24일의 저점인 15,753엔을 유지해야 하므로, 15,753엔까지 불과 약 100엔 정도 남은 지점이기도 합니다.

②의 규칙에 따라 눌림목 매수 조건에 부합해 매수할 수 있는 상황입니다.

이상 [자료 5-11]부터 [자료 5-16]까지의 5분봉차트를 보면서 구체적인 매매 포인트를 어디로 설정할 수 있을지 설명했습니다. 그러나 여기서 설명한 방법이 반드시 최선은 아닙니다.

앞서 언급했듯이 많은 사람이 같은 생각을 하는 경우, 특정 가격대에 거래가 집중되어 결과적으로 그 지점에서 매수한 사람들에게 손절매를 유발한 후 다시 상승하는 움직임이 나타나기도 합니다.

소중한 돈을 투자하는 것이니만큼 데이터를 살펴보고 충분히 시간을 들여 자신만의 전략과 전술을 생각해보시기 바랍니다.

다시 한번 강조하지만, 손절매를 염두에 두고 거래할 때 중요한 점은 가능한 손실 폭이 커지지 않도록 거래할 수 있는 포인트를 찾는 것입니다. 흔히 수익폭이 손절매 폭보다 크면 된다고 말하는 사람들이 있지만, 수익폭은 결과론에 불과합니다. 실제 거래에서는 손실이 누적되면 판단 실수를 유발하기 때문에 가능한 손실을 보지 않고 거래할 수 있는 방법을 찾는 것이 중요합니다.

맺음말

제1장에서 '상장삼매전'을 소개드렸습니다만, 이 책의 집필을 마치고 나니 필자 자신도 그 내용의 깊이에 새삼 감탄하게 됩니다.

독자 여러분도 제1장을 읽기 시작했을 때는 "천장에서 팔고 바닥에서 사라"라니 당연한 소리라고 느꼈을 것입니다.

하지만 이 책을 끝까지 읽고 다시 한 번 한 자 한 자 곱씹어보면 그 심오함을 깨닫게 될 것입니다.

잡욕을 버리고 시간과 가격 변동의 관계를 고려해
시장의 상황을 파악해라

이는 강한 추세가 형성되었을 때 소폭조정 포인트가 시간에 따른 것일 수도 있고, 또는 추세의 강도를 볼 때 시간과 가격 변동폭의 비율, 즉 속도로 볼 수도 있다는 것을 의미합니다. 속도의 차이에 따라 인기의 정도를 알 수 있다는 등 다양하게 해석할 수 있습니다.

추세가 형성되었을 때는 공통인식 속에서 움직이므로 비슷한 조정 패턴이 나타납니다.

일별 또는 월별 변동폭에는 기준이 있습니다. 따라서 추세가 형성될 경우 비슷한 속도를 보이기 쉽습니다.

캔들차트에서 기준이 되는 속도를 파악한 후, 장기추세가 이어질 때 기준 속도 대비 현재 가격의 변화가 크다면 곧 조정이 발생할 가능성을 염두에 두어야 합니다.

형식적인 가격 변동패턴만 생각해서는 진짜로 중요한 가격 변동폭과 시간의 관계를 깨달을 수 없습니다.

천장에서 팔고 바닥에서 살 것을 명심하고 매매해라

이는 당연한 것 같지만 실로 심오한 내용입니다.

가격 변동패턴에만 얽매이다 보면 아직 그 방향으로 나아가고자 하는 적극적인 시장 참여자들이 많이 남아 있는 상황을 깨닫지 못하고 매매를 시작하게 됩니다. 그 결과, 마지막 상승이나 바닥을 찍는 급락 시점에 반대되는 포지션을 취하게 됩니다.

특히 천장을 찍는 마지막 순간은 변동성이 매우 커서 잘못 대응하면 단 며칠 만에 투자 자금을 모두 잃을 수도 있습니다. 반면 몇 배로 불릴 수 있는 기회이기도 합니다.

따라서 1년간의 가격 변동폭을 기준 삼아 충분히 상승하거나 하락한 지점, 그리고 상승 또는 하락추세가 시작될 가능성이 높은 시기를 고려해 매매한다면 천장과 바닥에서의 위험을 피할 수 있습니다.

바닥보다 100섬(俵) 높게, 천장보다 100섬 낮게를 목표로 잡고 중간중간 추가 수익을 노려라

이는 추세가 형성될 경우 5개의 파동패턴을 만들기 때문에(중간에 일반조정이 몇 번 나타날 수도 있습니다), 중간에 나타나는 일반조정 전에 이익을 실현하고 조정 후에 다시 매수하는 등, 상승을 확실하게 이익으로 연결하는 것이 중요하다는 의미로 해석할 수 있습니다.

예측이 틀렸을 때는 조기에 파악하고 즉시 거래에서 손을 떼라
손을 뗀 후에는 반드시 40~50일 동안 거래를 쉬어라

이는 많은 시장 참여자들이 공통인식 속에서 적극적으로 행동하는 상황이 아니라고 판단될 경우, 약 한 달 정도 거래를 쉬는 것이 좋다는 의미입니다.

예를 들어 상승하기 쉬운 시기에 적극적인 매수세가 유입되지 않고 상승폭이 크지 않다면 그해는 하락추세로 전환될 가능성이 높습니다.

시장의 방향성이 불분명할 때는 가격 변동에 일정한 규칙이나 기준이 없기 때문에 앞으로의 상황을 예측하기 어렵습니다.

따라서 이러한 상황이라면 다음 하락 시점에 맞춰 매매를 준비하거나 다음 상승 시점까지 기다리는 것이 좋습니다. 어느 쪽이든 최소 1개월 이상 현재 상황이 바뀔 때까지 기다리는 것이 중요합니다.

40~50일 정도의 기간을 쉬는 것이 중요한 이유는, 상승 시기라고 섣불리 예측하고 매매를 시도하면 의미 없는 캔들 신호에 몇십 번이고 휘둘리게 되기 때문입니다.

시장의 관심이 없는 상황이라면 다음에는 반드시 상승할 것이라고 믿기보다는, 예상이 틀렸음을 인정하고 그 시기가 지나갈 때까지 기다리는 것이 현명합니다.

말은 쉽지만 손실이 쌓일수록 어떻게든 빨리 본전치기라도 하려는 생각에 자신의 실수를 인정하기가 점점 어려워집니다.

최대한 얻을 수 있는 이익의 7~8할 정도에서 이익을 취하고
시장이 충분히 무르익을 때까지 기다렸다가 방침을 바꿔라

이는 다음 천장, 바닥에서 매매하기 위한 준비 기간을 갖기 위해, 시세가 완전히 오르기 전인 8할에서 만족하라는 의미입니다. 또한, 추세가 변화하기까지는 충분한 시간이 필요하므로 조급해하지 않아도 된다는 뜻으로도 해석할 수 있습니다.

추세가 전환될 경우 전체적인 가격 변동폭, 계절성, 전환패턴을 제대로 파악하기 위해 냉정하게 판단할 수 있는 상황을 만들어두는 것입니다.

'상장삼매전'의 전술을 구체화한 사카타오법은 캔들차트의 기본으로 알려져 있습니다. 이 책에 제시된 사고방식이 오랜 시장의 역사를 거친 지금도 여전히 훌륭하게 통용된다는 사실은 참으로 놀랍습니다. 가격 변동이 보여주는 인간의 욕망, 행동패턴의 본질은 그만큼 보편적인 것일지도 모릅니다.

이 책이 독자 여러분의 곁에 늘 함께하며 시장에서 승리하는 데 큰 도움이 되기를 진심으로 바랍니다.

캔들을 알고 차트를 읽으면 주식 시장이 보인다

제1판 1쇄 2024년 11월 30일

지은이   이토 토시히로(伊藤智洋)   옮긴이   김진수
펴낸이   한성주
펴낸곳   ㈜두드림미디어
책임편집   이향선
디자인   디자인 뜰채 apexmino@hanmail.net

㈜두드림미디어
등   록   2015년 3월 25일(제2022-000009호)
주   소   서울시 강서구 공항대로 219, 620호, 621호
전   화   02)333-3577
팩   스   02)6455-3477
이메일   dodreamedia@naver.com(원고 투고 및 출판 관련 문의)
카   페   https://cafe.naver.com/dodreamedia

ISBN   979-1-94223-25-2 (03320)